# FOREWORD
# 前言

中国是一个源远流长的文明古国。在漫长的历史岁月里，我们的祖先创造了光辉灿烂的华夏文明，抒写了威武雄壮的战争史诗，也掀起过惊天地、泣鬼神的历史大潮，在这其中涌现出成千上万富有创造性和进取精神的人物，他们用自己的力量在历史上留下了一串串不可磨灭的印记。

然而，任何一个人成为影响世界的一代伟人都不是一蹴而就的，在光环和荣耀的背后要走很长的路程，经受住众多意想不到的挫折和坎坷，才能逐步走向成功，获得伟大的成就，从而影响历史发展的进程。他们孜孜不倦的求学态度和坚韧不拔的意志品质不仅值得每一位青少年学习，而且会对青少年的思想熏陶起到积极的作用，鉴于此，我们编撰了这本《影响世界的100位名人成才故事（中国卷）》。

本书介绍了秦始皇嬴政、汉武帝刘彻、唐太宗李世民以及成吉思汗等杰出的政治领袖；孙武、韩信、岳飞、戚继光等优秀的军事将领；商鞅、诸葛亮等社稷名臣；老子、孔子、庄子等圣哲名师；蔡伦、张衡、祖冲之等著名科学家；屈原、司马迁、李白等文史大家；王羲之、顾恺之、齐白石等艺术巨匠；张骞、玄奘等在民族关系和中外文明交流史上的先行者……

广大青少年朋友们可以通过阅读这些名人的成才故事，来感受他们在政治活动中的宏韬伟略，在战争环境下的勇气智谋，在哲学伦理中的深邃思想，在科学技术中的严谨神奇……让我们通过认真的阅读，体悟前人的经验，走上成才之路！

Contents | 目录

# 影响世界的100位名人成才故事

〔中国卷〕

## Part 1 第一章
## 政治领袖 · ·

## Part 2 第二章
## 军事将领 · ·

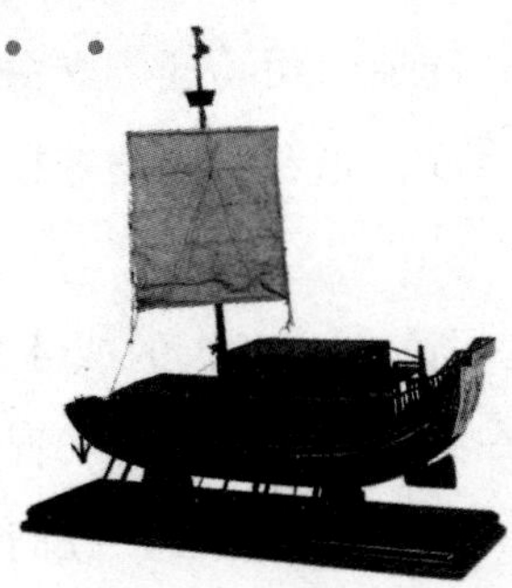

## Part 3 第三章
## 社稷名臣 · ·

中国学生成长速读书

# 影响世界的100位名人成才故事·中国卷

总策划／邢涛　主编／龚勋

汕頭大學出版社

影/响/世/界/的/100/位/名/人/成/才/故/事(中国卷)

STORIES OF 100 FAMOUS PEOPLE WHO INFLUENCE THE WORLD

## Part 4 第四章
## 圣哲名师··

## Part 5 第五章
## 科技英杰··

## Part 6 第六章
## 文史大家··

## Part 7 第七章
## 艺术巨匠··

## Part 8 第八章
## 名家名流··

第一章

# Part 1 政治领袖

中国作为一个拥有五千年历史的文明古国，在每个历史时期都出现过伟大的政治领袖。秦始皇统一中国，功勋卓著；汉武帝文韬武略，在他统治下的汉朝鼎盛至极；唐太宗开创“贞观之治”，让中国成为当时的世界强国；成吉思汗逐鹿亚欧，南征北战，使中国疆域在历史上最为辽阔；明太祖布衣称帝，创下明代百年基业……所有这些活跃在历史舞台上的政治家们让中国经历了一次又一次的变革，作为一个伟大的国家屹立于世界的东方。

**人物档案**

姓　名：嬴政

生卒年：公元前259年～前210年

出生地：赵国邯郸（今河北邯郸）

身　份：秦朝开国皇帝

秦始皇

# 统一中国第一人
# 秦始皇
Qin Shihuang

**秦始皇是一位杰出的政治家和军事家。他结束了春秋战国时期征战纷乱的局面，建立了中国历史上第一个统一的中央集权制的封建国家，成为载入中国史册的第一位皇帝。**

## 少年成帝王

秦始皇，姓嬴名政，出生于赵国的首都邯郸，是秦庄襄王子楚之子。他的父亲子楚被秦国派到赵国当人质时，很不得意，后在商人吕不韦的帮助下，子楚被确立为秦安国君的嫡嗣。为了更好地笼络子楚，吕不韦还给子楚送去一个擅长歌舞的美女赵姬。后来，赵姬为子楚生下一子，这就是嬴政。

安国君即位后，子楚被立为太子，赵姬和嬴政回到了秦国。嬴政很快适应了宫廷生活，在吕不韦的教导下，开始攻读诗书，进修礼、乐、射、御、书、数等功课。安国君死后，子楚即位，即为秦庄襄王。继而，赵姬被立为赵太后，吕不韦当上了相国。子楚在位三年后便死去了。公元前246年，嬴政登上了王位，因为年幼，政事落入了相国吕不韦和赵太后之手。

连绵起伏的万里长城是秦始皇用来抵御外族侵略的坚固屏障。

## 平定嫪毐　罢免吕相

公元前239年，嬴政已经20岁。按照秦国的礼制，一年后他就要举行加冠礼，亲自听政了。正在这个时候，发生了两件意外的大事：一件是吕不韦编纂《吕氏春秋》，公开反秦；另一件是吕不韦安插在太后身边的亲信嫪毐阴谋政变。嬴政对这一切早有察觉，但他不动声色。

公元前238年4月，嬴政到故都雍城蕲年宫（今陕西凤翔县）举行加冠礼。嫪毐趁此机会偷了秦王的御玺和太后的玺印，在咸阳发动政变。在叛军正想向蕲年宫进发之际，早有戒备的嬴政很快就将嫪毐缉捕归案，对他

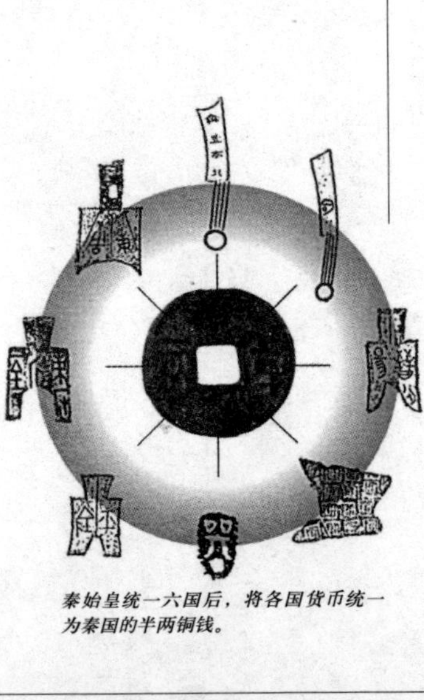

秦始皇统一六国后，将各国货币统一为秦国的半两铜钱。

处以车裂之刑，并灭其三族。

一年后，嬴政借称吕不韦和政变有关，罢免了他的相国职位。又过一年，嬴政派人给吕不韦送去绝命书，要将他赶到蜀地。吕不韦知道自己难免一死，便饮毒酒自杀了。自此，22岁的嬴政开始亲理国家大事。

西安临潼秦始皇陵

## 统一六国　治理天下

嬴政善于用人，并且能够把握时机。他即位后，采用李斯和尉缭的建议，运用“远交近攻”的策略，集中优势兵力，终于在公元前230年至前221年间，灭掉六国，统一了全国。

嬴政统一全国后，便推行了一系列的改革措施，这对于中国政治、经济、文化的统一和发展起到了巨大的作用。

嬴政首先改变了历来的帝王称号，将皇和帝合在一起称“皇帝”。由于他是历史上第一个皇帝，便被称为秦始皇。秦始皇决定由皇帝来掌握全国的政权，用郡县制代替原来的分封制。他还推行重农抑商政策，扶植封建土地私有制。秦始皇以商鞅所制定的度量衡为标准，统一了全国的度量衡制度；将秦国时期的圆形方孔钱作为全国通用货币；为发展全国水陆交通，又实行“车同轨”。为加强文化交流，秦始皇还统一了文字。

除此之外，秦始皇还采取了一系列的措施来巩固集权统治。他下令将原来六国各自修造的长城连接起来，然后又派人修建抵御北方匈奴的长城；同时，修建官道，即驰道。此外，为根绝先前六国后裔的反叛行动，秦始皇将六国后裔贵族们连同富豪一起迁到咸阳，既便于监视，同时也利于都城经济的繁荣。

*庞大的地下军队*
*秦始皇陵兵马俑宏伟壮观，直观再现了秦国军队兵强马壮的场面。*

在军事上，秦始皇派兵出击匈奴，征服了南方的百越地区，使得秦朝的版图一再扩大。

秦始皇的统治得到巩固后，他便开始大兴土木，修建骊山陵墓、阿房宫等大型建筑，使人民不堪重负。而且为加强思想统治，他还制造了著名的“焚书坑儒”事件。尽管如此，秦始皇开创的专制主义中央集权制对于国家的统一和政权的巩固仍然起了重要作用，奠定了中国封建统治的基础。

**人物档案**

姓　名：刘彻
生卒年：公元前156年～前87年
出生地：长安（今陕西西安）
身　份：西汉皇帝

*汉武帝刘彻*

# 缔造西汉盛世的帝王
# 刘彻
Liu Che

**汉武帝刘彻是一位很有作为的君主。在他的统治下，以汉族为主体的多民族封建国家得到巩固，中国开始以一个高度文明和富强的形象闻名于世。**

## 宫廷斗争中的幸运儿

公元前156年，在汉景帝刘启登基不久后，他的第10个儿子降生了，这个孩子就是后来的汉武帝刘彻。刘彻聪明伶俐，颇受汉景帝喜爱，但因为他的母亲不是皇后，他又不是长子，所以按照西汉帝制的规定，他是没有资格继承皇位的，但是因为一句“金屋藏娇”的戏言，刘彻的命运彻底改变了。

刘彻命运的转折全凭长公主刘嫖的帮助。长公主有个女儿名叫阿娇，开始长公主想把阿娇许配给太子刘荣，但是太子的母亲栗姬不领情，长公主非常生气，便把目光投向了刘彻。有一天，长公主把年幼的刘彻抱到膝上，问他：“你觉得娶阿娇好不好？”童言无忌，刘彻大方地回答：“好！如果娶了阿娇做妻子，我就造一栋金屋子来藏她。”长公主欣喜异常，自此就不遗余力地在景帝面前夸赞刘彻，诋毁太子刘荣和栗姬。于是在公元前150年，汉景帝废太子刘荣为临江王，立刘彻的母亲为后，立刘彻为皇太子。这一年，刘彻刚7岁。

*汉武帝年老时，追求长生不老，酿成了巫蛊之祸。图为“负鼎什仙鸠”。*

刘彻做了太子之后，汉景帝请德高望重的卫绾来做他的老师。卫绾是个多才多艺的学者，精通儒学，在他的精心教导下，勤奋好学的刘彻渐渐成长为一个能文能武、有胆有识、思想活跃、胸襟开阔的人。

## 从挫折到缔造辉煌

公元前140年，汉景帝驾崩，刘彻登基做了皇帝。他即位之初，与太皇太后窦氏极为不和。窦太后崇尚的是“无为而治”的旧思想，对汉武帝所提倡的改革措施颇为不满。窦太后在宫中地位极高，权势很大，所以她不断地运用自己的势力干扰汉武帝执政。

汉武帝此时还没有力量和自己的祖母较量，但他有年龄的优势，所以他没有因此消沉，而是养精蓄锐，等待着时机。公元前135年，窦氏去世，雷厉风行的汉武帝马上将窦氏的亲信党羽一律罢免，大刀阔斧地进行了一系列的改革。

功勋卓著的帝王——汉武帝

为了保证改革的顺利进行，汉武帝采纳了董仲舒提出的“罢黜百家，独尊儒术”的建议，由此开始了自己的治国大业。汉武帝建立了一套健全的文官选拔制度，使政府官员的成分发生了很大的变化，文官逐渐占据了重要位置，这是中国古代政治制度中的一大进步。

长信宫灯

长信宫灯是皇宫中的灯具。此灯设计精巧，在汉代宫灯中首屈一指。

为了进一步集中权力，汉武帝开始削弱相权，强化皇权，确立自己的绝对威严。在消除相权威胁的同时，汉武帝还开始着手削弱地方割据势力。他颁布“推恩令”，让诸侯王分封诸子为侯，借此缩小诸侯的封地，削弱他们的政治军事实力。

汉武帝在经济上也采取了一系列的改革措施，如改革币制，将铸币权收归中央，决定由国家统一调剂全国的运输和物价。他的经济政策是以重农抑商为原则的，除了抑商政策外，他还采取了一些重农措施，如积极推广农学家赵过发明的代田法和耧车，在关中地区兴修水利，先后开凿了漕渠、六辅渠、白渠等渠道，对促进关中的农业发展起到了相当大的作用。

在对外关系上，汉武帝北抗匈奴，西通西域，向东、向南开拓疆土，不仅促成了著名的“丝绸之路”的形成，也扩大了中国的版图。

董仲舒是西汉时的名士。

汉武帝是中国历史上一位很有作为的皇帝，虽然他在出击匈奴时，大肆征兵、征税，给人民带来极大的痛苦，而且他在晚年时，迷信方术，造成巫蛊之灾，但他却继承和发展了西汉前几代皇帝执政的经验，使西汉王朝出现了政治、经济、思想文化大一统的局面。

**人物档案**

姓　名：曹操

生卒年：155年～220年

出生地：沛国谯县(今安徽亳州)

身　份：三国时的政治家、军事家、诗人

曹操

# 乱世中的枭雄

# 曹操

Cao Cao

曹操不仅是三国时期最杰出的军事家，还是首先推出屯田制稳定国家政权基础的杰出政治家。此外，他还是一位才华横溢的诗人，为中国诗歌史上五言诗的发展奠定了基础。

## 痛改前非　步入仕途

曹操的父亲是大宦官曹腾的养子。曹操小时候十分聪明，据说他过目不忘，无师自通，但学习却不刻苦，经常趁学堂先生不备，私自溜出去和其他孩子一起习武练箭。一次，曹操又带着几个小伙伴外出打猎，途中他被人骂作“宦门遗丑”，这一骂使他的自尊心受挫，从此，他再也不去驾鹰牵犬，而是关起房门来博览群书。

在众多书籍中，曹操最爱读的是兵法。他对诸家兵法，特别是《孙子兵法》《孙膑兵法》，不仅熟知能背，而且摘录了其中大量的神策妙计，并根据自己的理解，汇集成册，题名为《兵法书要》。

为了解决多年混战带来的粮食生产不足的问题，曹操推行屯田制。

曹操20岁时，被家乡人推举为孝廉；不久又任洛阳北部尉，负责京城治安。后来，他又入征为议郎，当了参议一类的冗官。黄巾起义爆发后，东汉朝廷急忙调集大军镇压。曹操为了维护地主阶级的根本利益，积极参与，被任命为骑都尉，在颍川与起义军交战。因为镇压起义军有功，他被提拔为济南相（相当于郡太守）。后来汉灵帝设置西园八校尉，曹操当了八校尉之一的典军校尉，成为皇帝核心武装的将校之一。

曹操通过“挟天子以令诸侯”，使自己的势力不断扩大，终于形成独霸一方的割据势力。

## 雄才大略　统一北方

189年，汉灵帝去世，东汉政局更加混乱。这时，割据凉州的军阀董卓趁乱带兵入京，以武力废少帝，立9岁的皇子刘协做了皇帝，即汉献帝。他又自封为相国，将权臣袁绍逼出洛阳，独自把持朝政。

曹操亲历变乱，目睹董卓之害，十分不满。他逃出洛阳，东走陈留，散家财，招兵将，积极参加当时关东各地军阀联合反董的斗争。191年，曹操因镇压河北农民起义军有功，被袁绍推举为东郡太守，取得了一块地盘。第二年，青州黄巾军攻入兖州，刺史刘岱战败被杀，兖州官员忙迎曹操领兖州牧。曹操用残酷手段，逼降黄巾军三十余万人，并从百余万百姓中挑选精壮者组成“青州兵”。自此，曹操既据有兖州，又有一支可观的武装力量，遂大施智谋，与群雄角逐。

夜里，曹操听说许攸前来投奔，兴奋得赤脚出帐相迎。

曹操是一位很有才干的政治家。他占据兖州时，由于长期战乱严重破坏了这里的农业生产，人民非死即逃，造成粮食紧缺，军队给养困难。曹操总结了秦汉以来的历史经验，进行屯田，既解决了军粮问题，也安定了社会。此外，曹操唯才是举，善于用人，对于文人谋士能够以礼相待，量才而用。他的重要谋士荀彧、许攸、郭嘉等都是慕名而来的。

三国青釉羊

此器造型优美，形体较大，色泽淡雅，代表了三国时期青瓷的发展水平。

在军事上，曹操很讲究策略。起初，他拉拢北方最大的军阀袁绍，避免与之过早交锋，而先攻击其他较弱的势力。196年，汉献帝东逃洛阳，曹操接受谋士的建议，开始“挟天子以令诸侯”。政治上得势使曹操更加雄心勃勃，他相继击败盘踞南阳的张绣、占据徐州的吕布后，于200年在官渡大败袁绍。此后，曹操继续南征北战，终于在207年平定了关中，进入陇右，完全统一了北方。

平定北方是曹操事业发展的顶点，但这并不是他的最终目标，他的雄心是乘胜进军南方，统一全中国。208年，曹操率数十万大军南下，直指荆州，结果在赤壁一战中大败，他统一中国的希望成了泡影。

在官渡之战中，曹操大败袁绍，为统一北方扫清了障碍。

## 不懈创作　文采飞扬

曹操在文学上也有很深的造诣。他在“外定武功”的同时，还在不懈地进行文学创作。他特别爱好文学，在率军征战的三十余年里，手不释卷，登高必赋，创作出《观沧海》《蒿里行》等许多优秀诗歌，开创了建安文学的新局面，奠定了五言诗的基础。

**人物档案**

姓　名：李世民
生卒年：598年～649年
出生地：武功（今陕西武功）
身　份：唐代皇帝

*李世民*

# 开创“贞观之治”的英主
# 李世民
Li Shimin

**李世民是中国历史上最伟大的皇帝之一，他缔造了一个当时世界上最强盛的帝国，开创了一个黄金时代——“贞观之治”，成为后世封建社会治国的理想和标准。**

## 苦练本领　助父建唐

李世民出身于陕西的一个贵族家庭，李氏家族是当地的贵族集团之一，其父李渊历任刺史、太守以及殿内少监、卫尉少卿等重要职务。

李世民从小就开始习艺练武。他善于骑马，喜欢射箭，且机智果敢，胆识过人。李世民还熟读兵书，经常引用《孙子兵法》里的话和父亲讨论排兵布阵的策略。由于李世民年轻有谋，所以结交和网罗了不少豪杰。

李渊对这个出色的儿子非常喜爱。615年，隋炀帝巡查北方要塞时，遭突厥始毕可汗几十万骑兵袭击，被围困在雁门，18岁的李世民就在这时应募入伍。在这次解围战中，李世民初露过人的军事才华。617年，李渊父子在晋阳发动兵变，公开举起了反隋的旗帜。兵变胜利后，李渊即封李世民为“敦煌公”。同年11月，李世民南下霍邑，围困河东，攻克了长安。618年，李渊在长安称帝，改国号为唐，建立了唐王朝，李建成被封为太子，李世民被封为秦王。

*玄武门之变*

## 赫赫战功　夺得帝位

唐朝的建立并不等于全国的统一，事实上当时正是各派军事势力分裂与混战的高峰期。李渊在称帝之后就不便于亲征了，而太子李建成也要在长安辅佐父亲处理政务，这样，平定各方势力、统一全国便成了李世民不可推卸的责任。二十来岁的李世民勇敢地挑起这副重担，逐步完成了这项艰巨的统一任务。李世民的统一战争包括三部分，一是平定薛举父子，二是击溃刘武周，三是打败王世充和窦建德。李世民指挥作战有一套谋略，后人对此进行了总结：坚壁挫锐；准确利用骑兵，在敌后反击；勇追穷寇；亲自侦察，部署作战计划等。另外，李世民作战时身先士卒，休战时与将士同吃同住，同甘共苦，他的这一举动起到了鼓舞士气的作用，这对于取得战役的胜利至关重要。

李世民在统一战争中取得的胜利为他以后的统治奠定了基础。626年六月四日，李世民通过“玄武门之变”夺取了帝位。执政以后，他很快调整了中央集团和政府机构的用人制度，组成了以自己为首的最高决策集团，开始了对唐朝为时23年的统治。

唐太宗即位后，带来了一个封建社会的黄金盛世。

## 文治武功　贞观之治

李世民即位后，对太子李建成的僚属采取了宽大的政策，一些重要谋臣如魏徵、王珪等还得到了重用，这样就缓和了统治集团内部的矛盾，为他下一步政策的实施营造出一个安定团结的局面。

李世民对官僚机构进行改革，注重选拔人才，知人善用，任人唯贤，这使得他的周围人才辈出，为唐朝的强盛奠定了基础。李世民善于听取下臣的不同意见，从谏如流。谏臣中最突出的是魏徵，他常常与李世民当面争执，李世民也能耐心接受。魏徵死后，李世民十分悲痛，说自己失去了一面镜子。

李世民重视人才，广招四方文士为自己所用。

李世民吸取隋灭亡的教训，以民为本，采取轻徭薄赋、去奢省费的政策，减轻对人民的剥削压迫，让大家衣食有余。他继续推行均田制、租庸调法，发展农业生产，增加国家收入。贞观年间，经济上达到了前所未有的繁荣景象。

为了唐朝江山稳固，李世民不但自己手不释卷地读书学习，而且要求官吏也要认真读书，讨论研究治国的学问。为此他开设了弘文馆，要求三品以上官员的子弟和皇亲国戚等高层贵族子弟入弘文馆接受教育。他发展科举制度，削弱旧时门阀的影响。这一系列政策的实施，最终缔造了“贞观之治”的局面。

**人物档案**

姓　名：铁木真
生卒年：1162年～1227年
出生地：蒙古乞颜部孛儿只斤氏族
身　份：蒙古族军事家、政治家

*铁木真*

## 威震亚欧的一代天骄

# 成吉思汗

Chengjisihan

**成吉思汗是蒙古族伟大的政治家、军事家。他统一了蒙古各部族，建立了蒙古国。他横扫欧亚的辉煌战绩在中国乃至世界战争史上都是无与伦比的，被世人称为“一代天骄”。**

### 逆境中成长

铁木真出生于1162年，他的父亲叫也速该·把阿秃儿，是乞颜部的首领；母亲叫诃额仑，是蒙古草原上一位有胆有识、聪明能干的女性。铁木真9岁时，父亲带他出门求婚。在返回的路上，父亲被仇敌毒死。此后乞颜部分裂。由于也速该的部众势单力孤，临近的泰赤乌部趁机抢走了也速该的部众和财物，铁木真一家陷入困境。母亲带领铁木真兄弟和剩下的少数部众来到斡难河上游不儿罕山一带，过着艰难困苦的生活。

当时，铁木真和他的兄弟们在肯特山中靠渔猎维持生活。一次，铁木真在与同父异母的弟弟别克帖儿争抢银鱼时，用箭将别克帖儿射死了。母亲因此狠狠地训斥了铁木真一番，她说：“眼下，你父亲的冤家随时都会偷袭，如果自己人不团结，今后的日子该怎样过下去！”同时，母亲又给他讲了6代以前祖先的历史，各代征战事迹，以及阿兰豁阿老母的故事。父亲的被害，部族的离散，母亲的鼓励、鞭策、批评、教育，祖先的业绩以及阿兰豁阿老母的故事，都给了铁木真重要的启示。这些事件无论是对铁木真少年时代的成长，还是在他以后几十年的南征北战、戎马生涯以及帝国的建立和巩

*经过一次次残酷的战斗，成吉思汗渐渐统一了蒙古草原。*

固中，都产生了深刻的影响。

蒙古人世代放牧，逐水草而生。

## 铁木真称“汗”

在苦难环境下成长起来的铁木真武艺超群，才智过人，远近闻名。1179年，铁木真迎娶美丽的孛儿帖为妻。婚后，为了重振家业，铁木真必须寻求一个强大的庇护势力，于是他就和弟弟一起去投奔克烈部落首领脱里汗（后称王汗，语讹为汪罕）。

铁木真向脱里汗进献了妻子的嫁妆黑裘，并尊脱里汗为父。脱里汗答应全力支持他。在脱里汗的庇护下，铁木真开始积聚力量，准备振兴家业，结束蒙古各部世世代代相互残杀的历史。

成吉思汗陵墓里的壁画，描绘了他辉煌的一生。

铁木真势力的壮大引起了结义兄弟札木合的猜忌，最终两人反目成仇，兵戎相见。这就是历史上著名的“十三翼之战”。虽然铁木真在战斗中失败了，可是残暴的札木合在胜利后残杀俘虏，失去了民心，而铁木真的宽厚好施使许多部族都来投靠他。

此后，铁木真又经过数场艰苦的征战，终于在1206年实现了数十年前树立的理想，统一了西起阿尔泰山、东到兴安岭的整个蒙古草原，建立了强大的蒙古帝国。各部族在斡难河源头举行盛大集会，推举铁木真为大汗，称他为“成吉思汗”。

## 南征北战　威震亚欧

成吉思汗建立蒙古帝国之后，便开始向外扩张，他的第一个目标就是党项族建立的西夏。1205年至1209年，成吉思汗先后3次入侵西夏，瓦解了金夏联盟，迫使西夏称臣纳贡并随同蒙古一同进攻金国。1215年，蒙古军再次南下，攻占了中都燕京。金宣宗被迫求和。

通过对外侵略扩张，成吉思汗将统治的版图扩大到了西亚等地区。

1219年，成吉思汗亲率二十万大军西征，攻占了花剌子模（今乌兹别克斯坦和俄罗斯境内），接着向西占领了中亚大片土地，使蒙古国力达到鼎盛。

成吉思汗一生戎马倥偬，征战四十多年，是中国历史上著名的骁勇帝王。

**人物档案**

姓　名：朱元璋
生卒年：1328年～1398年
出生地：濠州钟离（今安徽凤阳东北）
身　份：明朝开国皇帝

明太祖朱元璋

# 布衣出身的开国皇帝

# 朱元璋

Zhu Yuanzhang

**朱元璋是明朝杰出的政治领袖，他以布衣之身起家，领导农民起义军推翻了元朝的统治，统一了全国。他所建立的明朝成为中国历史上最后一个汉族封建王朝。**

## 饥寒交迫的“小领袖”

1328年，朱元璋出身于濠州钟离太平乡一个贫苦的佃农家庭。他自小为地主放牛，终年辛苦劳作，过着饥寒交迫的生活。朱元璋聪明伶俐，有胆识，有主见，很快就成了一群穷孩子的小领袖。后来成为大明开国功臣的徐达、汤和、周德兴等人都是朱元璋放牛时的小伙伴。

穷困的家境使这些孩子经常忍饥挨饿。有一天，一群孩子在山中放牛，饥饿难忍，聪明大胆的朱元璋出了个主意：杀牛吃。吃完牛肉，孩子们看着一地的牛皮、牛骨，开始发愁，回去怎么向东家交代呢？又是朱元璋出的点子，他让大家一起清理了现场，只把牛尾巴留下来，插到地缝里。然后，他回去告诉东家，说小牛不知怎么就陷入了地缝里，出不来了。这天真的谎话当然骗不了人。结果，朱元璋挨了一顿毒打，丢了饭碗，还使父亲背上了赔偿一头牛的债务。然而，朱元璋因为自己的敢作敢为赢得了伙伴们的尊敬。

1363年7月，朱元璋实行战略转移，改取固守东南、向东北和西线出击的战略，集中兵力，在鄱阳湖大败陈友谅。

## 困境中奋发图强

1344年，淮河流域地区连年大旱，蝗虫铺天盖地，加上随后而来的瘟疫，使得淮西一带行人绝迹，鸡犬无声。朱元璋的父母、兄长等相继在灾害中去世。为了生活下去，朱元璋只得到皇觉寺当小行童，在寺里干粗杂活。入寺刚满五十天，庙里缺食，他只得带上木鱼、瓦钵四处云游化缘。整整三年的云游生活，使朱元璋走遍了河西、淮南的名山大川，熟悉了各地的风土人情，积累了丰富的社会经验。1348年，朱元璋回到皇觉寺。在接下来的几年里，他勤奋读书，广交朋友，为摆脱目前的处境，争取更好的前程做起了准备。

明太祖的皇后马氏宽厚仁慈，深明大义，在36岁时被立为皇后。

## 建立明朝

1352年春天，朱元璋参加了郭子兴的反元队伍。入伍后，他勇猛善战，谦恭有礼，加上他在皇觉寺时又读过一些书，能够看懂公文，这使得他在农民军中尤为出众。元帅府上上下下都对他赞誉有加，郭子兴也很快把他当成了心腹之人，并把养女马氏嫁给了他。后来，郭子兴又提升他为镇抚总管。

1353年，朱元璋攻克和州（今安徽和县），又被任命为总兵官。不久，郭子兴病死，小明王韩林儿任命郭子兴的儿子郭天叙为都元帅，朱元璋为左副元帅。6月，朱元璋带兵强渡长江，挥师东向。1356年，朱元璋攻占集庆（今江苏南京），并将集庆改名为应天。朱元璋根据当时的形势，果断出击元军，于1357年占领了徽州。之后，他亲自到石门山拜访宿儒朱升，并采纳朱升“高筑墙，广积粮，缓称王”的计策，积极营建以应天为中心的根据地，积粮练兵，扩充实力，为逐鹿中原做准备。

此后，朱元璋集中兵力，打败自称汉王的陈友谅，俘虏自称吴王的张士诚，又先后消灭了盘踞浙东的方国珍、福建的陈友定，攻克两广，统一了中国南部除四川、云南以外的地区。1368年正月，朱元璋在应天称帝，定国号为大明。

朱元璋

## 治国举措

朱元璋称帝后，为了恢复和发展农业生产，采取了许多安定民情、有利于农业生产的措施。为了加强皇权，朱元璋改革了地方和中央政权机构，建立了高度集权的专制统治。在改革国家机构的同时，朱元璋还严厉整顿吏治，惩治豪强，颁布《大明律》，严格执法。朱元璋还积极兴办学校，实行科举，推行荐举制度，并根据“唯才是举”的原则对人才善加任用。在重视教育的同时，他规定八股取士的原则，钳制了读书人的思想。不过，纵观他的一生，还是功大于过，对社会的发展起到积极的推动作用。

**人物档案**

姓　名：爱新觉罗·玄烨
生卒年：1654年～1722年
出生地：北京
身　份：清代皇帝

*清圣祖康熙*

# “守成而兼创业”的一代君王

# 康熙

Kangxi

**康熙是清朝入关后的第二位皇帝。他一生大智大勇，除鳌拜，平三藩，统一台湾，平定漠北，亲征雅克萨，击败俄罗斯，稳定中国疆域，铸就了“康熙盛世”。**

## 严于律己的少年皇帝

幼年时，康熙接受了近乎苛刻的教育。他5岁即入书房读书。每天凌晨，天空还闪烁着寒星，幼小的康熙就戴上特制的红绒绣顶的小冠，穿上小袍小靴，从乾清门入宫。他读书非常勤奋，哪怕有一个字不明白，也要寻根问底。

康熙8岁登基，登基后更是严于律己，平日里手不释卷。在康熙10岁的时候，有一次，一位大臣得到一只罕见的黄鹦鹉，将它放在黄金做的笼里进献给康熙。活蹦乱跳的鹦鹉确实讨人喜欢，尤其是它时不时冒出一句“皇上吉祥”之类的俏皮话，惹得大家哈哈大笑。康熙颇有些心动，很想收下，但想起祖母曾告诫他不要玩物丧志的话，脸色立即变得严肃起来，下令将鹦鹉退回，并重重地训斥了这位大臣一顿。

## 智擒鳌拜

康熙登基后，除祖母亲自辅佐外，还有4位辅政大臣。其中一位辅政大臣鳌拜从不把康熙放在眼里，不仅敢同康熙当面争吵，还敢擅改他的诏书。鳌拜不仅大权在握，还大肆扶持党羽。康熙自从14岁亲政后，两人的矛盾愈来愈深。为此，康熙决定铲除鳌拜。

康熙以演习摔跤为名，从各个王府中挑选了一百多名亲王子弟做他的侍卫，组成善扑营，每天和他们一起练习蒙古摔跤。不到一年，这些人全都练就了技艺高超的摔跤术。鳌拜看到之后，以为皇帝年少贪玩，胸无大志，就更加放心了。有一天，练完摔跤之后，康熙问侍

*康熙读书像*

卫们："你们是害怕我还是害怕鳌拜？"侍卫们齐声回答："我们不怕鳌拜，只怕皇上。"康熙大喜，知道这些人对自己绝对忠心，可以依靠他们实施除去鳌拜的计划。于是，康熙设法把自己的心腹——吏部侍郎索额图改任为自己的一等侍卫。索额图为康熙出主意，要康熙以下棋为名，请鳌拜进宫，然后将他擒获。

这一天，康熙单独召见鳌拜。鳌拜又像往常一样大摇大摆地进了宫。只见康熙端坐中间，两旁是一百多名威风凛凛的青年侍卫。一见鳌拜进来，康熙立即大喝一声："将鳌拜给我拿下！"那些年轻的侍卫立即蜂拥而上，施展起摔跤绝技。鳌拜虽然是满族第一武士，但也敌不过众人，顿时被五花大绑地捆了起来。这个权倾朝野、横行无忌的权臣终于成了阶下囚。

*康熙是一位很有作为的皇帝。*

## 政治韬略

康熙亲政以后，首先着手处理以吴三桂为首的三藩问题。三藩是清朝初年分封的3个藩王：平西王吴三桂，平南王尚可喜，靖南王耿精忠，分别盘踞在云南、广东和福建。这3个藩王都是投降清朝的明军将领，为清军入关立下了汗马功劳。当时，三藩割据一方，把持地方军政大权，在三藩势力范围之内，朝廷的政令都无法推行，这严重危害了国家的统一和清王朝的安定。平定三藩的战争持续了8年之久，康熙虽然为了掌控全局，稳固后方，没有亲临战场，但是他显示了卓越的军事指挥才能和高明的政治远见。随后，康熙又发兵统一了台湾。他下令设置台湾府，隶属于福建省，将台湾置于清朝政府的统一管辖之下；又派兵一万，驻守台湾、澎湖，使东南海防得到了空前的稳固。从此，台湾成为中国领土不可分割的一部分。

*清朝统一台湾后，在台湾设置了巡台御史。此图描绘的是巡台御史巡视台湾的情景。*

在对待沙俄侵占北方边境领土雅克萨的问题上，康熙采取了坚决强硬的军事手段，迫使对方签订清朝政府唯一一个平等的对外条约——《尼布楚条约》。条约规定：中俄以额尔古纳河、格尔必齐河及外兴安岭为界，中国收回雅克萨等地，将尼

康熙一生勤政爱民，使国家逐渐强盛。

布楚割让给俄国。这个条约从法律上肯定了黑龙江和乌苏里江流域的广大地区都是中国的领土。此外，康熙还平定噶尔丹的叛乱，安定了西藏，加强了中央政府对蒙古和西藏的统治，为巩固边疆地区做出了不朽贡献。

在发展经济上，为了彻底根除多年的水患，康熙任命水利专家靳辅为河道总督，负责治河工程。经过十几年的努力，黄淮洪水回归故道，南北漕运畅通无阻。此后五十年，黄河都没有出现过大的水灾。康熙又废除了圈地政策，奖励垦荒，发展农业。他还亲自培育、推广水稻新品种“御种稻”。为了恢复生产，康熙多次减免赋税，并把丁银的总额固定下来，规定以后即使人口增加，也永不加赋。这既减轻了农民的负担，对人口增长也有很大的好处。此外，他还压缩官营手工业，宫廷官府用品改为向商人购买，这些都有利于促进资本主义萌芽的发展。从康熙年间开始，全国许多手工业城镇日益兴盛起来。

在文化方面，康熙崇尚文教，优待文士。他非常尊奉孔子，亲自拜谒孔庙，举行隆重的祭孔典礼，并亲笔题写了“万世师表”的匾额，悬挂在大成殿上。康熙还崇尚理学，他命人编纂《朱子全书》《性理大全》等书，宣扬理学思想。康熙对孔子和理学的尊奉推崇，对于笼络汉族文士起了很大的作用。为了招揽那些知名学者，康熙特地举行博学鸿词科考试，选拔人才。康熙振兴文教的另一大功绩就是组织大批文士编纂书籍。康熙大规模编纂书籍，对整理、保存古代文献，振兴文教事业，促进学术文化繁荣做出了很大的贡献。

康熙还开展了一项史无前例的伟大工程，即绘制全国地图《皇舆全览图》。到1716年，除新疆的少数地方外，朝廷对大多数省区都进行了测绘。康熙热爱科学，认真学习西方先进的科学技术。后来，他还组织编写了《数理精蕴》和《律历渊源》，传播了西方的科学知识，对推动当时中国的科技发展起了很大的作用。

经过多年的征战，边疆的局势终于稳定，康熙赐宴犒赏凯旋的将士们。

康熙为中国的大一统和全盛局面的出现奠定了基础，成为封建帝王中的佼佼者。清代人称赞他为“守成之君，开创之主”。

[第二章]

Part2

# 军事将领

在中国漫长的五千年历史中，战争总是踏着社会发展的鼓点应时而出，或征伐叛逆，或扩疆拓土，或开朝辟代。战争中总伴着凶险悲壮，伴着波澜壮阔。在无数次的征战中，一批历经战火洗礼的英雄人物脱颖而出，成为震烁古今的军事家。足智多谋的韩信运筹帷幄，为刘邦打下大汉江山；精忠报国的岳飞气吞山河，捍卫了南宋的半壁河山；儒雅多谋的戚继光海疆练兵，驱逐倭寇，保卫了明朝海疆……他们在特定的领域内，凭借谋略、智慧和骁勇创造了一个个战争奇迹，以其独特的方式推进了历史的进程。

**人物档案**

姓　名：孙武
生卒年：约公元前5～6世纪
出生地：齐国乐安（今山东惠民，一说博兴，或说广饶）
身　份：春秋末期军事家

*孙武*

# 百世兵家之师

# 孙武

Sun Wu

**孙武是春秋末期杰出的军事家，被历代中外军事家尊奉为“兵家之祖”，所著《孙子兵法》一书，是中国乃至世界上现存的最早的兵书，被后人誉为“兵经”。**

## 生于乱世　痴迷战史

孙武的曾祖父、祖父都是齐国名将，家学的熏陶使孙武从小就喜爱兵法，渴望探求战争中的制胜之道。孙武生活的时期战乱频繁，从小耳闻目睹的一些战事，使孙武对军事产生了浓厚的兴趣。

孙武一生痴迷战事。早在少年时代，每当遇见老一辈的人，他总是要打听昔日的战争情形。如果遇到曾经亲历过战争的人，一定请这人讲一些实战的经验，并常常把自己的心得体会刻在竹片或木片上，然后串在一起。至于作战地图，他则绘在大张的帛布上，注明军队或车船的配置及移动情况，记下战争发生原因、经过和结果，有时还要加上自己的论断。孙武经过长时间的资料搜集，在脑子里有了初步想法之后，又前往战场做实地考察。这项工作在交通条件相当落后的当时，是极为麻烦和辛苦的。然而他却乐此不疲，前后持续了20年之久。实践工作逐渐丰富了他的军事思想。

## 吴国立业

约公元前517年，孙武投奔吴国。吴王阖闾即位后，一心想扩充军备，成就霸业，故急需统兵征战的大将之才。孙武受时任吴国大臣的好友伍子胥推荐入宫，并把自己撰写的兵法十三篇呈献给吴王。吴王看完兵书，赞不绝口，却不知孙武能否将这些理论运用于实战，于是将180名宫女召到练兵场，交给孙武去演练。

孙武将这180名宫女分为左右两队，指定吴王最为宠爱的两位美姬为左右队长。安排就绪后，孙武便击

*《孙子兵法》书影*

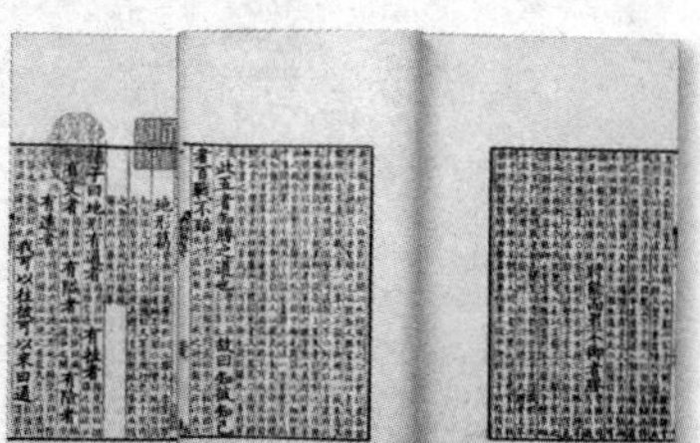

鼓发令。然而，尽管孙武三令五申，宫女们却不听号令，不时嬉笑，队伍站得歪歪扭扭。孙武便根据兵法，斩了两位美姬队长。当孙武再次击鼓发令时，众宫女全都合乎规矩，阵形十分齐整。吴王阖闾心悦诚服，便拜孙武为将军。

在孙武的严格训练下，吴军的战斗力有了明显提高。公元前512年，在孙武和伍子胥的指挥下，吴军攻克楚的属国钟吾国、舒国。随后，孙武又制订了一套扰楚、疲楚的作战计谋，在与楚的对峙中完全占据上风。公元前506年，楚国攻打已经归附吴国的蔡国，吴王阖闾和孙武、伍子胥指挥训练有素的三万精兵前去驰援。最终，孙武以三万军队战胜楚国的二十万大军，创造了以少胜多的典型战例。

孙武石像

吴王阖闾去世后，太子夫差即位。公元前494年，越王勾践调集军队从水上向吴国进发，夫差率十万精兵迎战于夫椒（今江苏太湖中洞庭山）。在孙武的谋划下，吴军在夜间布置了许多诈兵，分为两翼，高举火把。只见在黑暗的夜幕中，火光连成一片，迅速向越军阵地移动，杀声震天。越军惊恐万分，军心动摇。吴军乘势发起总攻，大败越军，越王勾践被困在会稽山。吴国对越国的军事行动取得胜利。后来吴国在南方取得霸主地位。

## 《孙子兵法》问世

孙武虽然帮助吴国建立了霸业，但夫差日渐骄横，不听忠言信谗言，逼死功臣、忠臣伍子胥，孙武见状，知道自己想辅佐吴王统一南北的大志已无法实现，为免遭杀身之祸，便隐居深山，修订他的兵书去了。

孙武之所以被后人所称道，最主要的还是他留下的那部兵家圣典——《孙子兵法》。《孙子兵法》提出了著名的“知彼知己，百战不殆”、“攻其不备，出其不意”、“兵无常势，水无常形”等许多战争原则。这些原则直到今天仍被人们广泛应用于政治、外交、商战、体育等领域。《孙子兵法》被称为“兵经”，孙武亦被古今中外的军事家一致尊崇为“兵家之祖”。

为严明纪律，孙武下令将两位美姬队长拉出去斩首。

**人物档案**

姓　名：孙膑
生卒年：约公元前4世纪
出生地：齐国阿、鄄一带（今山东阳谷、鄄城一带）
身　份：战国时期军事家

孙膑

# 身残智高的军事家
# 孙膑
Sun Bin

孙膑是战国时期著名的军事家、军事理论家。他曾与庞涓一起师从鬼谷子，后遭庞涓迫害，处膑刑，故名孙膑。齐威王向孙膑请教兵法，深爱其才，拜为军师。孙膑著有《孙膑兵法》传世。

## 拜师求学　才高遭忌

孙膑生活在战国时期，他从小就看到各国之间战争频繁，也看到战争的胜负决定着一个国家命运的残酷现实。于是，孙膑决心投身到戎马倥偬的生活中去。因此，孙膑拜当时很有本事的鬼谷子为师。

孙膑从师学兵法时，有个同学叫庞涓，起初两人相处得不错，庞涓答应孙膑，以后自己一旦被重用，一定引荐他。孙膑刻苦学习，表现出非凡的才华，庞涓逐渐对他产生了妒忌。庞涓任魏将后，不想食言，但又觉得自己的学识才能不如孙膑，如果把孙膑推荐给魏王，孙膑的声名肯定会超过自己。于是庞涓秘密派人将孙膑诱骗到魏国，让孙膑辅佐自己，然后阴谋陷害孙膑，对他施以脸上刺字和剔除膝盖骨的酷刑，并将他软禁起来。

孙膑在惨遭迫害、处境十分艰险的情况下，仍然不懈地从事兵家的理论研究。

孙膑身残智高，谋略过人。

## 田忌赛马

后来孙膑被人救到齐国，在齐国使臣的帮助下，他留在了齐国大将田忌府中。田忌非常赏识孙膑的才能，把他奉为上宾，以客礼相待。当时，田忌经常和齐威王打赌赛马，每赌必输。孙膑就对田忌说：“下次比赛我一定让你的马赢。”于是田忌又和齐威王约好了赛马日期，并下了大赌注。田忌问孙膑该如何用计，孙膑就出主意说：“用你最差的马和齐王最好的马比赛，再用你最好的马和齐王中等的马比赛，用你中等的马和齐王最差的马比赛，准能两胜一负。”到了比赛那天，果然如孙膑所言，田忌赢了。田忌因此把孙膑推荐给齐威王。齐威王在向孙膑讨教兵法中深感孙膑在军事上有过人之处，当下拜他为将军。

庞涓被孙膑用计骗至树下，死在乱箭之下。

## 名扬天下　归隐著书

公元前354年，魏国以庞涓为将率军伐赵，兵围邯郸。邯郸在久困之下岌岌可危，便向齐国求援。齐王应赵国之请，以田忌为将，孙膑为军师，率军击魏救赵。孙膑令一部轻兵乘虚直趋魏都大梁，而以主力埋伏于庞涓大军归途必经的桂陵之地。魏国因主力远征，都城十分空虚。魏惠王见齐军逼进，急令庞涓回师自救。庞涓回师至桂陵时，遭到齐军迎头痛击，几乎全军覆灭。这便是历史上著名的“桂陵之战”。

在这场战役中，孙膑将其以逸待劳的战术思想发挥得淋漓尽致，充分显示了他杰出的军事才略。千百年来，“围魏救赵”这一战略为许多军事家所赞赏和借鉴。

桂陵之战后，魏国虽遭挫败，但实力削弱得并不大，12年后，魏国将矛头指向了自己的另一邻国——韩国。韩国难以抵挡强大的魏军，遂派使者向齐国求救。齐威王再次以田忌为将、孙膑为军师，出兵救韩。孙膑依然采用“围魏救赵”的计策，率兵长驱魏境，兵锋直逼大梁。魏国鉴于桂陵之战的教训，遂撤韩国之围，调十万大军，以太子申为上将军、庞涓为副将，准备与齐军进行一场战略性决战。

孙膑为调动敌人，创造战机，果断引兵东撤。一路上，他令军队逐步减灶，造成齐军大量逃亡的假象，以诱敌深入。庞涓果然上当，丢下步兵，率轻骑精锐，兼程穷追，至马陵时，遭到齐军主力伏击，庞涓被射死。齐军遂全歼魏军，俘虏太子申，取得了马陵之战的重大胜利。

马陵之战后，田忌遭宰相邹忌的陷害，只好与孙膑一起流亡楚国。在楚国，孙膑辞官归隐，潜心军事理论研究，终于写成了流传千古的军事名著——《孙膑兵法》。

战国立雕玉马

人物档案

姓　名：韩信

生卒年：？～公元前196年

出生地：淮阴（今江苏淮安市淮阴区）

身　份：汉初军事家

韩信

# 汉初的军事天才

# 韩信

Han Xin

**韩信是兴汉的三杰之一，曾以甘受“胯下之辱”闻名于世，是一名将中国的“忍”字哲学发挥到极致的天才军事家，其谋略与兵法俱为一时之冠，其成就更是功高盖世。**

## 甘忍胯下之辱　终成一代将才

韩信从小丧父，家境非常穷困。他自幼酷爱武艺，虽一身破衣烂衫，却总是佩带着一把宝剑。一有机会，他就刻苦练功，盼望着练得一身好本领，有朝一日，可以出人头地，大有作为。母亲去世后，韩信孤苦伶仃，又不会打点生计，因此更加穷困潦倒，很被人看不起。

一次，一群恶少当众羞辱韩信。有一个屠夫对韩信说：“你虽然长得又高又大，喜欢带刀配剑，其实你胆子小得很。有本事的话，你敢用你的配剑来刺我吗？如果不敢，就从我的胯下钻过去。”韩信自知形单影只，硬拼肯定吃亏，于是从那个屠夫胯下匍匐穿过。满街的人都笑话韩信，认为他是个怯懦的人。然而这个甘受胯下之辱的青年后来竟拜将封王，彪炳史册。

公元前209年，陈胜、吴广揭竿而起。韩信配剑从军，投身项梁的西楚军。项梁战死后，他又跟随项羽，但未受项羽重用，于是他愤然逃出楚营，投奔汉王刘邦。开始刘邦也没把韩信当将才使用，韩信见状，决意离汉营而去。丞相萧何知道韩信很有才干，听到这个消息后立即骑马月夜苦追，将他劝回。后来，刘邦在萧何的屡次劝说下，亲自与韩信讨论军国大事，确信韩信为稀世之才，遂举行仪式，拜韩信为大将。

韩信甘受胯下之辱，终成一代名将。

## 屡建奇功　灭楚兴汉

韩信被拜为大将后，屡建奇功。

公元前206年，刘邦被项羽分封在偏僻的汉中。同年五月，韩信派人修复刘邦进入汉中时烧毁的栈道，迷惑雍王章邯，自己却率军悄悄沿南郑故道东出陈仓，大败章邯军，一举拿下了关中地区，使刘邦得以还定三秦。

公元前204年，韩信只带万余部队东下井陉攻赵。韩信先以两千轻骑，乘夜迂回到赵军大营的侧后方埋伏。天明后他亲率主力前出到河边背水列阵，诱使赵军出营攻击。汉军背河而战，无路可退，人人拼死作战。预先埋伏的两千轻骑乘机攻入赵军空营，遍插汉军红旗，赵军见状，军心大乱。韩信挥军趁势反击，大破二十万赵军。接着，韩信用“上兵伐谋”之法降服了燕国。

公元前203年十一月，韩信又用重兵急袭的办法攻破了齐都临淄。楚将龙且急领二十万人马来援，与汉军隔潍水对峙。韩信秘密派人用一万多个沙袋，乘暗夜在上游把潍水堵住。天明后他派部分军队渡过潍水，在侧后攻击楚军，继而佯装溃败。龙且误以为汉军胆怯，率主力渡潍水追击。韩信命部属掘开上游堤坝，将楚军冲成两段，汉军运用半渡而击的办法，把已渡水的楚军全歼，龙且被杀。韩信趁势挥军追歼逃敌，平定了齐地。

公元前202年十二月，楚汉两军在垓（今安徽灵璧南）展开决战。刘邦以韩信为主将，统一指挥各路大军。项羽指挥十万楚军，从正面向汉军阵地猛攻。韩信采用典型的侧翼攻击战法，避开楚军锐气，而将两翼展开，实行侧击，然后再令中军推进，一下完成了合围。入夜，韩信令汉军四面唱起楚歌，终使楚军丧失斗志，被汉军一举聚歼于垓下。项羽见大势已去，自刎于乌江边。历时五年的楚汉战争以汉王刘邦夺得天下而告终。

韩信明修栈道，暗度陈仓。

在战场上，韩信纵横捭阖，挥洒自如，其用兵之道，为后世兵家所推崇。刘邦能建立汉朝，韩信功不可没。

**人物档案**

姓　名：卫青

生卒年：？～公元前105年

出生地：河东平阳（今山西临汾西南）

身　份：西汉名将

卫青

# 七退匈奴的天才将领

# 卫青

Wei Qing

**卫青是西汉时期一位杰出的军事家。他前后七次出击匈奴，屡立战功，为西汉扫除边患，为中国多民族的形成建立了功绩。**

## 苦难中成长

卫青的母亲是汉景帝时平阳公主府里的一名奴婢，他是母亲和平阳县县吏郑季的私生子。卫青的童年在母亲的膝下度过。稍大后，他被送到了生父的家里。郑季的嫡妻看不起卫青这个私生子，而她所生的子女也不把卫青看成兄弟手足，因此，卫青在郑家当了放羊娃。

卫青长成青年时，不愿再过这种受虐待受凌辱的生活，便回到了母亲身边。平阳公主十分喜爱这个英俊懂事、勤奋好学的青年，让他做了侍从骑奴。从此，卫青又开始了一种新的奴仆生活。在这一时期内，卫青逐渐学到了一些文化知识，掌握了一些封建社会上层待人接物的礼仪风范。

武帝建元二年（公元前139年）春，卫青的姐姐卫子夫被汉武帝选入宫中，卫青也在这一时期被召到了建章宫当差。卫子夫入宫不久就有了身孕，因此引起了陈皇后的嫉妒。因卫青在宫中，陈皇后不敢直接加害于卫子夫，就怂恿自己的母亲长公主加害卫青，把他逮捕入狱，准备将他处死。当时，卫青有一个名叫公孙敖的好友是皇帝身边的侍从，他听到了消息，便率领平时和卫青要好的几名壮士，闯进囚室，将卫青救走。汉武帝得知此事后，不但没有迁就娇贵至极的陈皇后，相反却召见卫青，封他为建章宫监，并让他做了侍中（皇帝的侍从）。接着，汉武帝又封卫子夫为夫人，卫青也

卫青率军抗击匈奴。

被提升为太中大夫。

漠北之战

卫青曾先后七次率军出击匈奴，其中最为著名的是漠北之战和河南之战。在漠北之战中，卫青针对匈奴流动性大、机动力强的特点，以骑兵大军团远途奔袭和大迂回战法，深入敌境，利用匈奴认为汉军不敢深入漠北的心理，出其不意，疾驰穷追，一举获胜。

## 初露头角

公元前3世纪初期，匈奴已成为中国北部一个以蒙古高原为中心的新兴奴隶制部族，到匈奴冒顿单于的时候（公元前209年到前174年），匈奴部落达到前所未有的强盛，时常进攻西汉的北部边境地区（今河北、山西一带），劫夺财物和牲畜，并将汉人掠去做奴隶。

汉武帝为了打击匈奴的不断进犯，提拔了许多年轻将领。他任命卫青为车骑将军，公孙贺为轻车将军，公孙敖为骑将军，李广为骁骑将军，并让四路将领各率骑兵一万，出击匈奴。这次出击匈奴，卫青是初次出征，但他在战斗中勇略非凡，领兵打出长城，深入匈奴境内，直到笼城，斩敌七百人，取得首战胜利。这次战争中只有卫青首战获胜，因此他又被汉武帝封为关内侯。

匈奴王的金冠

## 大军纵横

元朔四年（公元前125年），匈奴分兵大举侵入代郡、定襄、上郡，杀掠了几千人。第二年春天，汉武帝派卫青统领六将军，带领十万余人，从新根据地朔方进行反攻。卫青领兵由高阙隘口北进，同时，将军李息、张次公出击北平（郡治在今河北平泉县），以牵制匈奴的主力。匈奴右贤王认为汉军离得远，一时不可能来到，因此对于防务未加注意。卫青了解到右贤王骄傲轻敌、麻痹大意的弱点后，亲率大队骑兵，急行军六七百里，对右贤王的营地进行突袭，最后俘获匈奴裨王（小王）等人，大获全胜。

马踏匈奴石雕

马踏匈奴石雕位于出征匈奴的西汉名将霍去病的墓前。

同年秋天，匈奴又出动骑兵万人侵入代郡（今河北蔚县东北），大肆杀掠。汉武帝为了进一步打击匈奴主力，巩固边防，于元朔六年二月，令大将军卫青指挥公孙敖、李广、李沮等将军，率领十万余骑，由定襄（今内蒙古和林格尔）北进数百里，歼灭匈奴军数千人。在这次战役中，卫青的外甥霍去病初次参战。汉军返回后，经过短期休整，又在四月再次出兵定襄，击歼匈奴军万余人。

卫青一生共出征匈奴七次，且大获全胜，为汉朝立下了汗马功劳。

**人物档案**

姓　名：岳飞

生卒年：1103年～1142年

出生地：相州汤阴（今河南汤阴县）

身　份：南宋抗金名将

岳飞

# 精忠报国的一代英烈

# 岳飞

Yue Fei

**岳飞是南宋著名的抗金将领，一生戎马征战，捍卫了南宋的半壁江山。他精忠报国的爱国思想，为后世留下了宝贵的精神财富。**

## 出身贫寒　拜师学艺

岳飞出生在北宋一个普通农民家里，他很小就干起了农活，过早地体会到了生活的艰辛。岳飞很喜欢读书。他白天劳动，晚上就点燃枯柴，发愤攻读。在如此艰苦的环境下，他竟读完了《孙子兵法》《左传》等一些深奥的兵书和典籍。艰苦生活的磨炼，造就了岳飞刚毅、质朴的性格。这种性格对他以后的政治抱负和军事指挥产生了很大的影响。

后来，岳飞拜同乡周同为师。周同是位著名的武术家，箭法如神，胸襟开阔，而且又十分爱惜人才，他对岳飞的成长、成才起了很重要的作用。周同对岳飞视同己出，毫无保留地把自己的看家本领都传给了岳飞，教了他一身过人的武艺。

抗金英雄——岳飞

## 岳母刺字

北宋末年，岳飞曾投军抗辽，后因父亲岳和病故，又回到家乡汤阴县。当时，洞庭湖农民起义军首领杨幺听说岳飞武艺高强，便派军师王佐游说岳飞，邀请他加盟。岳飞表示外敌当前，奸臣当道，新帝已在金陵登位，图谋收复失地，自己只等投军抗金，不愿落草。

岳飞送走王佐，进内房将此事禀告了母亲。岳母听后连连点头，但她深怕还有不肖之徒前来引诱岳飞，倘若他一时失察受惑，做出不忠之事，英名就会毁于一旦。于是，岳母用绣花针在岳飞背上刺下“精忠报国”四个字，以此警示儿子。靖康元年（1126年），岳飞带着母亲的叮嘱，重返战场，开始了长达15年的抗金生涯。

## 率军抗金　威震四方

岳家军大破“拐子马”。

1127年，金军攻破北宋都城开封，俘获了徽、钦二帝，北宋王朝灭亡。1129年，金将兀术率金军再次南侵，很快渡过长江天险，攻下临安（今杭州）、越州（今绍兴）、明州（今宁波）等地，宋高宗被迫流亡。岳飞率孤军坚持在敌后作战。他先在广德攻击金军后卫，六战六捷，后又在金军进攻常州时，率部驰援，四战四胜。次年，岳飞在牛头山设伏，大破金兀术，收复建康（今南京），金军被迫北撤。从此，岳飞威名传遍大江南北。七月，岳飞升任通州镇抚使兼知泰州，拥有人马万余，建立起一支纪律严明、作战骁勇的抗金劲旅“岳家军”。

1133年，岳飞因剿灭李成、张用等“军贼游寇”，宋高宗赐他一面“精忠岳飞”的锦旗。次年四月，岳飞挥师北上，击破金傀儡伪齐军，收复襄阳、信阳等六郡。同年十二月，岳飞又败金兵于庐州（今安徽合肥），金兵被迫北还。1135年，岳飞率军镇压了杨幺起义军，从中收编了五六万精兵，使“岳家军”实力大增。

1140年，金再次调集大军分四路进攻南宋。岳飞为引诱金军南下决战，集结主力在颍昌地区，自己则率轻骑驻守郾城（今河南郾城）。金军主帅兀术看到岳家军孤军深入，有机可乘，不待岳家军集结部署完毕，就抢先发动了进攻。在郾城，岳飞首先命令儿子岳云出战，然后，又命步兵每人持麻扎刀、提刀和大斧三样东西，入阵之后即与敌人“手拽厮劈”，上砍敌人，下砍马足，大破金军的“拐子马”。随后，岳云、杨再兴等率兵冲入敌阵，杀敌甚多。继后，岳家军左右驰射，大败兀术军，取得了郾城之战的胜利。

**秦桧夫妇跪像**

在岳飞墓对面，放着用生铁浇铸的秦桧夫妇等四个陷害岳飞的人的跪像，这反映了人民对岳飞的敬仰和对卖国贼的憎恨。

正当宋军节节胜利之时，宋高宗、秦桧以十二道金牌急令岳飞班师。岳飞回到临安后不久，秦桧诬陷岳飞谋反，以莫须有的罪名将岳飞杀害。

**人物档案**

姓　名：戚继光

生卒年：1528年～1588年

出生地：山东济宁鲁桥

身　份：明朝军事家

戚继光

# 抗倭名将
# 戚继光
Qi Jiguang

**戚继光是中国历史上伟大的民族英雄和杰出的军事家。他熟知兵法、阵法和训练法，不仅为保卫明朝海疆做出了杰出的贡献，也为后世留下宝贵的军事学术财富。**

## 出身名门　家教严格

戚继光出身于一个名将家庭，因受家庭环境的影响，他从小就想像英雄豪杰一样创建丰功伟业。戚继光的父亲戚景通是一个文武全才，为人正直不阿。戚父56岁才得到戚继光这个儿子，将他视若掌上明珠，却从不溺爱他，希望他能终成大器。

在戚继光小的时候，有人送给他一双非常考究的丝鞋。戚继光非常喜欢，便立即穿上了。父亲看见后，狠狠地批评他说："小小年纪就穿如此好的东西，将来必定想穿好的，想吃好的，想住好的，以后当了军官，势必贪污军饷，中饱私囊。你父亲我清清白白，绝不允许你贪得无厌。"戚继光听后非常惭愧，立刻脱下鞋子，将鞋子撕破，此后也以清苦自励。在父亲的教诲下，戚继光学习十分刻苦，通晓经史大义。

戚继光就任抗倭主帅时的画像

戚继光生活下的明朝，宦官专权，国势日衰，倭寇在沿海一带抢掠百姓，成为严重的祸患。戚继光在16岁的时候，曾挥笔慷慨赋诗"封侯非我愿，但愿海波平"。17岁那年，戚继光承袭父职，任登州卫指挥佥事，从此开始了戎马生涯。

## 组建戚家军

1555年，戚继光调任浙江都指挥使司佥事。次年9月，倭寇八百余人大举进犯浙江龙山所，威胁省城杭州。戚继光领兵迎战，虽然明军十倍于倭寇，却被倭寇冲杀得七零八落。这次战斗使戚继光深深地认识到，要取得抗倭胜利，必须要有经过严格训练有铁的纪律的军队。1557年2月，戚继光上书《练兵议》，欲招募兵马，整顿军队，获得朝廷批准。两年后，戚继光训练出了一支精悍而勇敢的队伍，组成了有名的“戚家军”。“戚家军”在后来的抗倭战斗中威名远扬，使倭寇闻风丧胆，成为沿海抗倭的主力。

为防御倭寇对沿海的侵扰，明代在海岸线附近修建了城墙。

“戚家军”是一支采用营、官、哨、队四级编制方法编成的新型军队。队是基本的作战单位，队员按年龄、体格分别配备不同的兵器。作战时，全队队员各用其所长，配合作战，攻守兼备，进退灵活。

戚继光加高、加厚了长城的边墙，建起了坚固的防线。

戚继光统领的“戚家军”不仅有严格正确的训练方法，而且还有铁的纪律。戚继光执法铁面无私，甚至对自己的儿子也不徇私情。有一次，戚继光派儿子带着一个副将出外作战。谁知儿子和手下的副将由于麻痹轻敌，大败而归。戚继光得知战败的消息后，立刻命令各路将士在校场集合，将儿子和那员副将绑到面前。怒不可遏的戚继光当众宣布两人的罪状，喝令将两人按军法处死。众将领一听戚继光要处死自己的儿子，纷纷请求宽恕他们，戚继光断然拒绝。在场的全体士兵都下跪求情，戚继光丝毫不为所动，仍坚决地将两人处以死刑。

## 勤著兵书

戚继光一生戎马生涯，成为闻名于世的百战百胜将军。他还善于动脑，勤于动笔，曾著写兵书，给后人留下极其宝贵的精神遗产。

戚继光在治理军队、领兵打仗、练兵育将的繁忙戎务中，抓紧时间广阅历代兵书，继承和吸取前人兵法的精髓，认真总结自己作战、练兵、治军的经验，写成了《纪效新书》《练兵实纪》《武备新书》等多部兵书。其中闻名古今的《纪效新书》和《练兵实纪》是他最杰出的代表作，它们的问世，为古代军事思想的宝库中增添了闪光的明珠，成为启迪后人智慧的光辉篇章。

戚继光带领的队伍战斗力特别强，被称为“戚家军”。

**人物档案**

姓　名：郑成功

生卒年：1624年～1662年

出生地：日本平户(今长崎县松浦郡)

身　份：明末清初军事家、政治家

郑成功

# 伟大的民族英雄
# 郑成功
Zheng Chenggong

**郑成功是一位杰出的军事家。他收复台湾的壮举不仅为中华民族的统一事业做出了巨大的贡献，也激励着后人为完成祖国统一大业而不懈奋斗。**

## 郑家的“千里驹”

郑成功的原籍是福建南安，父亲郑芝龙年轻时到日本经商，娶田川氏为妻。1624年，郑成功出生在日本长崎平户千里滨的田川家。他的原名叫郑森，7岁时随父亲回到家乡，后来隆武皇帝赐名“成功”。

在家乡，父亲为郑成功请了一位老师。老师是一位忧国忧民的文人，他常常把古代英雄志士的诗篇拿来教郑成功诵读。历史上英雄们大义凛然的民族气节、与祖国同生死共命运的英雄气概和为祖国的统一甘愿流血牺牲的崇高思想，在郑成功幼小的心灵里留下了深深的印记。后来，郑成功又精读了《春秋左传》《孙子兵法》等书。

民族英雄郑成功

郑成功的叔叔郑鸿逵特别喜欢郑成功，因而也特别关心他的学业。有一次，郑鸿逵特意来到郑成功的书房，想看看郑成功的功课。谁知，屋中空无一人，桌子上放着一本摊开的《孙子兵法》。他拿起来一看，空白处写着这样两句话：“挥尘谈兵效古之英豪，究心天下封侯非所愿。”郑鸿逵看后，十分感叹，想不到侄儿竟有这般宏伟的志气。

郑成功不仅读书很努力，而且还喜欢练武。郑鸿逵便给他请来了几位武师，教他击剑、骑射等本领。经过了几个寒暑，他的武艺大有长进。15岁时，郑成功在泉州府考中了廪生。

## 投笔从戎

1644年，清军入关后，铁蹄横扫中原大地，并不断南下。1646年，清军攻克钱塘防线，大兵压境，直逼隆武政权。而南明朝廷独揽兵权的郑芝龙却按兵不动，百姓、大臣们到处传言郑芝龙心存异念。郑成功听后又惊又气，一时坐卧不安，夜不能寐，恨不能马上毛遂自荐，请缨报国。

台湾西海岸

此刻一个念头占据了郑成功的脑海：投笔从戎。于是，郑成功脱下儒装，换上了一身戎装，他还让仆人找出自己以前读书时穿过的青衣和儒巾，用包袱包了起来。然后，他来到了城外一座已经荒废的文庙，对着墙上挂着的“至圣先师”大匾接连拜了几拜，说道：“圣祖先师在上，弟子郑成功今天向您辞别，都是因为江山破碎，大明危在旦夕。国家兴亡，匹夫有责。弟子今天抛却儒服，投笔从戎，有所不恭了。”说完，他打开包袱，拿出儒服、儒巾，放入火中。天一亮，郑成功便带着二十几个亲兵，走上抗清复明的道路。

## 建立根据地

此后，郑成功以鼓浪屿为大本营，号召天下共举义兵，抗清复明。闽军将士纷纷前来归附，沿海的百姓、明朝的官员也大多投靠到郑成功的麾下，郑成功成了东南抗清军民的领袖。这一年，郑成功才22岁。

郑成功一直坚持以闽粤为抗清复明的基地。十年之间，他利用清军主力无暇他顾的有利时机，在闽南发展力量，巩固根据地。1650年，郑成功接受施琅等人的建议，在中秋之夜，率领精兵偷袭了郑联、郑彩，夺取了金门、厦门基地和军队的控制权。第二年，他又统一了闽南的军事力量。随后，郑成功率军先后攻克了漳浦、诏安、海澄、潼州等地。反清复明的事业开始出现了新局面。

厦门郑成功屯兵山寨

郑成功虽然巩固了金门和厦门的根据地，还扩展了许多外围据点，但是，可靠的根据地还是没有超出金门、厦

郑成功的船队与荷兰舰队在海上展开激战。

门两岛。这时，清军开始对东南沿海和西南藩镇两大战场实施各个击破的策略。郑成功认识到，要想早日实现反清复明的愿望，就必须和其他的反清队伍联合作战。为此，郑成功从1655年开始，先后组织了5次北伐。前4次北伐都因为各种原因而受阻，给郑军造成了很大的损失。但郑成功北伐的决心并没有动摇。1659年5月，郑成功率领水陆兵士十七万，大小船只两千余艘，第5次大举北伐。但不久即告失败。

## 智攻台湾

1661年3月，北伐失败的郑成功决定收复被荷兰殖民者占领的台湾，以台湾为根据地，然后再图复明大业。于是，他率众将士顺利登上澎湖岛。而要赶走荷兰殖民军，必须先攻下赤嵌城。郑成功亲自寻访熟悉地势的当地老人，了解到要想在赤嵌城登陆，只有两条航道可进。一条是南航道。这条航道港阔水深，船只可以畅通无阻，较易登陆。但荷兰军在此设有重兵，工事坚固，炮台密集。另一条是北航道，直通鹿耳门。这条航道海水很浅，礁石密布，航道狭窄。荷兰殖民军还故意凿沉一些船只，阻塞航道。他们认为这里无法登陆，所以只派少量兵力把守。

郑成功又进一步了解到，北航道虽浅，但海水涨潮时，仍可以通过大船。于是他决定避开荷兰人炮火控制下的南航道，趁涨潮时先攻下鹿耳门，然后绕道从背后攻打赤嵌城。计划已定，他首先派出部分战舰故意制造浩大声势，装作从南航道进攻的样子。果然，此举成功地把殖民军的注意力全部吸引到了南航道。荷兰殖民军急忙调集大批军队防守南航道。趁此机会，在一个月高星稀之夜，郑成功率领主力战舰，乘海水涨潮之际迅速登上鹿耳门，进入台湾岛。随后，郑成功率军占领赤嵌城的粮库，包围了只有两百名荷兰兵守卫的普罗文查城，断其水源和粮食供应。仅围困四天，荷军就投降了。然后，郑军又迅速围困赤嵌城，荷兰人虽派兵增援，但已回天乏术。这年年底，荷兰人全部投降。台湾从此回到祖国的怀抱。

郑成功指挥水军奋勇作战，大败荷兰侵略军。

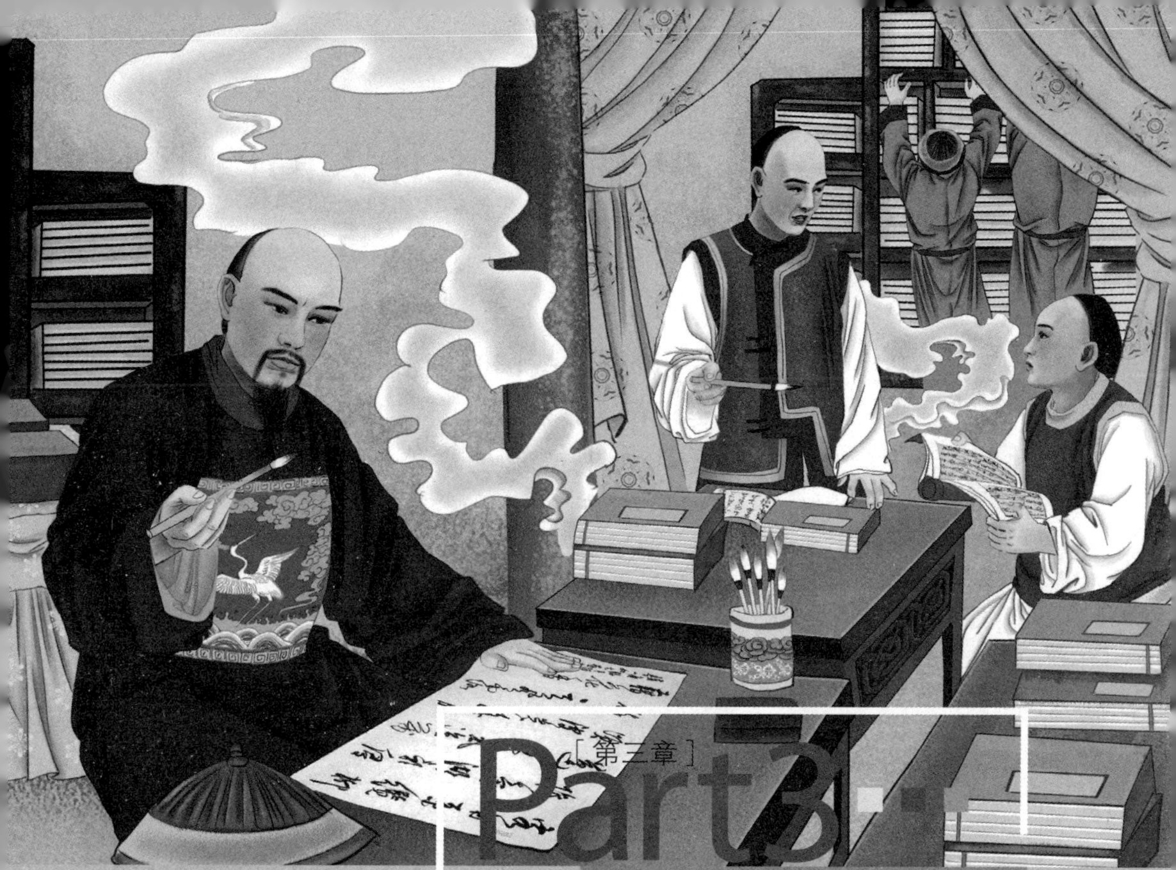

［第三章］Part3

# 社稷名臣

在中国几千年的封建王朝统治时期，有一批政绩辉煌、性格迥异的政治家和志士名臣，他们为各自效忠的朝代和君主奉献了毕生的心血与智慧；也正是由于有了他们的辅助，才会有历史上令人赞誉、影响深远的鼎盛局面的出现。有商鞅变法强国的举措，秦始皇才得以统一天下；有张良的奇谋妙策，刘邦才得以建立汉室；有诸葛亮的神机妙算，刘备才得以蜀中称王；有林则徐领导的虎门销烟，深受鸦片荼毒的中国才开始觉醒……还有许许多多令人肃然起敬、让人称颂不已的贤臣名士，他们所做出的贡献被后世永久地铭记流传。

**人物档案**

姓　名：公孙鞅

生卒年：约公元前390年～前338年

出生地：卫国

身　份：秦国政治家

商鞅

# 中国历史上伟大的改革家

# 商鞅

Shang Yang

**商鞅深受战国时期法家思想的影响，立志改革，施展抱负。他在秦国时受到秦孝公的重用，主持变法改革，使秦国国富民强，为秦国最终统一天下奠定了基础。**

## 立志改革　离魏投秦

大约在公元前390年，商鞅出生在卫国一个没落的宗室贵族家里。他从小就喜好“刑名之学”，对在魏国进行改革取得巨大成功的李悝、吴起等人非常崇敬。因此学成之后，他首选的用武之地就是魏国。

商鞅直接找到了魏国丞相公叔痤，进言自己想为魏国的改革和强大做一番贡献。公叔痤在与商鞅交谈中，感受到了他的才华和抱负，对他颇为欣赏，让他在自己手下做家臣，没有将他推荐给魏王。直到临死前，公叔痤才向魏惠王提起商鞅，说商鞅是个天才，如果魏王不用商鞅，一定要杀了商鞅，以免后患。魏王对公叔痤的话不以为然，没有重用商鞅。

商鞅见在魏国发展无望，又听说秦孝公在招贤，便千里跋涉来到秦国。

商鞅厉行变法，成果卓著。

## 南门立木　立信于民

商鞅来到秦国后，得到秦孝公的赏识。秦孝公很快任用商鞅，开始变法。为了树立新法的威信，做到令出必行，在公元前359年的某天，商鞅在秦国都城的南门外，立了一根三丈高的木头，并张贴了一张告示：谁能把这根木头扛到北门去，就赏他十两金。

不一会儿，南门口就聚集了很多看热闹的人。大家满脸疑惑，窃窃私语，却没有一个人去扛那根木头。于是，商鞅又下令，说道：“谁能把木头扛到北门，赏金五十两。”可是赏金越高，人们就越觉得不可信，还是没有人去扛它。等了好半天，终于有个大汉从人群中走出来，说道：“扛木头也不费什么事，就算不给赏金，反正总不会杀头吧！”于是，他扛起木头就走，一口气扛到了北门。没料到，到了北门，果然有官吏送来赏金五十两，分文不少，众人顿时哗然。这件事一传十，十传百，很快传遍了整个秦国，人们都开始相信，官府这次真的是令出必行了。

南门立木

## 推行变法　富国强兵

在秦孝公的支持下，商鞅在秦国共进行了两次变法。第一次变法中，商鞅首先编制民户，加强刑赏。其次，他废除了世袭世禄制度，用奖励军功的办法来培植封建贵族，建立了以地主阶级为主的官僚等级制度。商鞅认为，农业是国家的根本，为此，他把农业视为“本业”，而把商业视为“末业”，所以大力奖励耕织。商鞅还招募三晋之地的移民开垦荒田。

商鞅变法的举措之一就是制定了统一的度量衡标准。图为商鞅方升。

商鞅的新法一公布，就遭到秦国旧贵族势力的反对，他们联合起来，以太子的师傅公子虔和公孙贾为首，唆使太子犯法，破坏新法的威信。为了维护法纪尊严，商鞅严惩了太子师傅公子虔和公孙贾。从此再也无人敢触犯新法了。

商鞅第一次变法后的十年之间，秦国的经济得到较快的发展。秦国在政治、经济、军事各方面，都赶上并超过了六国。为进一步深化富国强兵的目的，公元前350年，商鞅进行了第二次变法，果断地“废井田，开阡陌”，承认土地私有，允许土地自由买卖，国家按土地多少征收赋税。商鞅还大力推行郡县制，将政权集中到国君手里，使秦国开始走上中央集权的道路。此外，商鞅还统一了度量衡，加强了秦国各地的经济交流，并说服秦孝公把都城迁往咸阳。经过此次变法后，秦国很快发展壮大起来，为扫平六国做好了充分的准备。

通过实施商鞅的变法政策，秦国终于具备了消灭六国、统一天下的实力。

**人物档案**

姓　名：张良
生卒年：？～公元前186年
出生地：韩国城父（今河南宝丰东）
身　份：西汉军事谋略家

张良

# 运筹帷幄的人杰

# 张良

Zhang Liang

**张良是西汉杰出的军事谋略家。他在辅助刘邦夺取天下时以智慧闻名于世，被刘邦誉为“运筹帷幄之中，决胜千里之外”的人杰。**

## 黄石公三试张良

张良出生在战国时期韩国的一名宰相家里。公元前230年秦国灭韩后，张良便沦落到家破人亡的境地。

一天，张良在下邳的一座桥上散步时，一位老者在张良面前把自己的鞋子扔到桥下，又让张良给他捡回来。张良念及老者年纪大，便将鞋子捡回来，并屈膝给他穿上。老人非常满意，对张良说：“你真是一个可教之材，五天后天亮之时你在这儿等我。”张良认定老者必有些来历，便恭恭敬敬地答应了。

五天后，天刚一亮，张良就赶到桥上。老者却已经在等他了，老者生气地让他五天后再来。又过了五天，鸡刚刚打鸣，张良就赶到桥头，可老者又先到了。老者十分气愤地说：“你又迟到了，五天后再来！”五天后，张良在半夜时分就到了那里。过了一会儿，老者也来了。老者见张良先到了，很是高兴，对张良说：“年轻人就该这样。”这位老者就是黄石公，他将《太公兵法》赠予张良。张良得此书后悉心研读，为日后建功立业打下了知识基础。

张良与萧何、韩信并称“汉初三杰”。

## 破秦建功

公元前208年，张良与已被反秦义军推为沛公的刘邦相遇，两人意气相投，张良便归附了刘邦，并以《太公兵法》上所述兵法为刘邦出谋划策，屡立奇功。

公元前207年6月，刘邦进军至南阳郡，依张良之计先取下了宛城，使起义军士气大振。义军接着西进，一路上攻城略地，8月便攻到武关（今陕西商县东）城下。张良建议刘邦，一方面派出一部分先行部队，让他们在附近各山头上张挂旗帜，作为疑兵之计，麻痹敌人；另一方面，派人前去重金收买秦将。刘邦依计而行，果然攻下了战略地位极为重要的武关。公元前206年农历十月，刘邦率领的军队到达灞上（今陕西西安市东），刚刚做了46天皇帝的秦王子婴手捧玉玺投降，秦朝灭亡。

项羽

## 巧计救主　运筹帷幄

公元前206年，刘邦顺利进入关中。平定了黄河以北广大地区的项羽挥师来到关中后，见刘邦早已进驻，一怒之下准备消灭刘邦。这件事被项羽的叔父项伯知道了。项伯为报张良当年的救命之恩，便秘密找到张良，劝他离开。

张良头脑冷静，足智多谋。他把项伯的话如实告诉刘邦，刘邦听了大吃一惊。刘邦认为自己的兵力不能与项羽的军队相抗衡，于是请来项伯，厚礼相待，结为姻亲，并托项伯转告项羽自己绝无二心。项伯回去将刘邦的话告之项羽，项羽也相信了。这样，张良一边让项伯稳住项羽，一边策划刘邦与项羽相见。

刘邦塑像

这天，刘邦率张良、樊哙与项羽会于鸿门。席间，项羽的谋士范增多次示意项羽杀死刘邦，项羽却不予理会。无奈之下，范增导演了“项庄舞剑，意在沛公”之计，意图让项庄借舞剑助兴为由，趁机杀掉刘邦。项伯看穿了这个用意，也拔剑起舞，时时用身体挡住项庄的剑。张良见形势危急，急忙去找樊哙。樊哙在席上狂吃豪饮，搅乱宴席。项羽惊诧于樊哙的雄壮。刘邦借机逃脱，得以在短时间内积蓄力量。

公元前205年，张良回到汉中，被刘邦封为成信侯。他多次向刘邦献谋献策，刘邦依计而行，最终取得楚汉战争的胜利。刘邦即位，建立汉朝，封张良为留侯。张良用计使刘邦放弃了废太子的想法后，便深居简出，采取明哲保身、功成身退的超然态度。

鸿门宴

纵观张良的一生，他之所以能成为千古良辅，被后世谋臣推崇备至，不仅在于他能运筹帷幄，决胜千里，辅助刘邦创立西汉王朝，还在于他能因时制宜，适可进止，最后功成名就。

**人物档案**
姓　名：诸葛亮
生卒年：181年～234年
出生地：琅邪阳都(今山东临沂南)
身　份：三国蜀汉政治家、军事家

诸葛亮

# 中华民族智慧的化身
# 诸葛亮
Zhuge Liang

**诸葛亮是三国时期杰出的政治家和军事家。他辅佐刘备，德威并举，儒法并用，为蜀汉政权的建立和巩固做出了不朽的贡献。**

## 隐居隆中　修身养性

诸葛亮从小喜欢读书，并且很好学。他定居隆中后，边耕种，边求学，学问有了很大的长进。诸葛亮虽然在隆中过着隐居生活，但并不是一个逃避现实的人，他在政治上很有一番抱负。

诸葛亮曾对学友孟公威、石广元和徐庶说：“你们三人如果去做官，按你们的才干是可以做到刺史、郡守的。”当三人问到他自己的志愿怎样时，他却笑而不答。不过他常常把自己比作春秋时辅佐齐桓公完成霸业的大政治家管仲和战国时辅佐燕昭王大破齐国的乐毅。他的政治理想就是：辅佐一个好皇帝，扫荡各个军阀，重新统一中国。有一次，他和当时名士酆玖谈话，分析天下的形势时说：“曹操是国贼，孙权也是窃夺汉室政权的人，我不能帮助他们。在目前的情势下，我只有隐居耕地，修身养性。”

诸葛亮拥有卓越的军事才能。

## 智说孙权　联吴抗曹

后来，汉朝宗室成员刘备通过三顾茅庐，得以请出诸葛亮出山辅佐自己。诸葛亮出山后做的第一件事就是建议刘备把荆州一带的无籍游民登记入册，依户口选拔壮丁，刘备的兵员由几千人迅速发展到数万人。

建安十三年（208年），久据荆州的刘表去世，其子刘琦、刘琮争权夺利，诸葛亮欲借此机会联合刘琦进攻刘琮，一举拿下荆州。不料形势突变，曹操乘平乌桓之威，率二十万（号称八十万）大军南下。刘琮出降，荆州落在曹操手中。刘备与诸葛亮仓促之中决定退居江陵，行至当阳长坂时，败于曹军。刘备、诸葛亮、张飞、赵云等

诸葛亮“草船借箭”。

率数十骑逃至夏口，与关羽水军及刘琦军会合，此时一行人马不过两万。情急之下，诸葛亮请命前往柴桑（今江西九江），欲说服在东吴“观望成败”的孙权，联吴抗曹。见到孙权后，诸葛亮巧用激将法，促使孙权同意联合抗曹。随即，孙权派周瑜、程普、鲁肃率三万精兵，与诸葛亮一道与刘备军队会师。

曹操大军过江后初战失利，退回江北，双方在赤壁（今湖北嘉鱼东北）一带形成对峙局面。曹军不习水战，把战船用铁索连在一起。诸葛亮与周瑜、黄盖密谋，由黄盖向曹操诈降，火烧曹军战船。孙刘联军趁势攻杀，在赤壁大败曹操，刘备趁机占领荆州。此后几年中，刘备又率军夺取益州、汉中，最终在221年称帝，建立蜀汉政权。三分天下之势终于形成。

## 鞠躬尽瘁 死而后已

刘备

蜀汉建立之后，刘备任命诸葛亮做了丞相。就在这时，蜀汉的事业却遭受了巨大的挫折。219年，孙权趁驻守荆州的关羽去进攻曹操之际，派吕蒙夺取了荆州，并杀死了关羽。刘备满腔愤恨，于222年讨伐东吴，结果被东吴大将陆逊火烧联营八百里，大败而回。刘备就此一病不起，临终时将自己的儿子刘禅托付给了诸葛亮。

刘备死后，17岁的刘禅登基做了蜀国皇帝。诸葛亮身受隆恩，更是殚精竭虑，辅助刘禅治理国家。222年，南中一带的少数民族发动叛乱，蜀国形势非常紧张。225年，诸葛亮出兵南征。他通过对颇具威望的一个部族首领孟获七擒七纵，最终使孟获心悦诚服，诚心归顺。孟获归顺之后，南中的其他少数民族也都纷纷归附。227年，诸葛亮向后主刘禅上书《出师表》，请求后主允许他统帅三军，北定中原，以恢复汉室。诸葛亮还在《出师表》中对国家政治、经济、军事做了周密的安排，为后主推荐了一批有才有德的官员。在第六次北伐战争中，54岁的诸葛亮积劳成疾，病逝在五丈原。

诸葛亮其人，古今中外，闻名遐迩。从某种意义上说，诸葛亮已成为中华民族智慧的化身，鞠躬尽瘁的典范。

成都武侯祠是西晋末年为纪念诸葛亮而建造的，明初与刘备昭烈庙相并，现在的大殿为清康熙十一年（1672年）重建。

**人物档案**

姓　名：魏徵
生卒年：580年～643年
出生地：巨鹿（今河北晋州西）
身　份：唐初政治家

魏徵

唐太宗十分欣赏魏徵诚恳直率的性格，把魏徵比作自己的明镜。图为唐代花鸟纹青铜镜。

谏臣魏徵

# 敢触天威的谏臣

# 魏徵

Wei Zheng

**魏徵是唐代杰出的政治家。他以刚正不阿、敢于直言进谏而闻名于世。唐太宗十分尊重他，把他比作自己的镜子。**

## 幼年丧父　奋发图强

魏徵出身于一个书香门第，父亲在他年幼时就去世了。由于父亲早逝，魏徵青少年时期的生活非常清贫，但他勤奋学习，酷爱读书，很早就成为当地颇有名气的文人。

611年，隋末农民起义爆发。当各地农民纷纷响应起义之时，魏徵为了避乱，出家做了道士。617年，魏徵被隋武阳郡丞元宝藏请去担任书记。元宝藏举郡归降李密后，李密十分欣赏魏徵的才华，就让魏徵到元帅府担任文学参军，掌管文书卷宗。

## 出谋灭叛军

618年，李密被唐军打败后，归降唐朝，魏徵也随他一起归顺。太子李建成听说了魏徵的才干，就招他做太子洗马。当时，李建成和秦王李世民之间争夺皇位继承权的斗争越演越烈，李世民屡建大功，威望日高，致使李建成的太子之位很不稳固。魏徵很为李建成担忧。

621年，窦建德的旧部刘黑闼起兵反唐，魏徵认为这是太子建功立业的大好时机，就向太子建议说：“如今秦王功盖天下，威震四海，而太子却没有什么功劳能够镇服人心。现在刘黑闼仅有不足一万的残兵败将，又缺乏粮饷，不堪一击。太子应该主动请缨去攻打刘黑闼，这样既可以建立功勋，又可以趁机结交山东豪杰，太子的地位就更稳固了。”李建成接受了魏徵的建议，主动请战，消灭了刘黑闼的军队，使唐朝在河北、山东的统治稳定下来。

## 直言进谏

626年，李世民发动玄武门之变，夺取了太子之位。玄武门之变后，李世民由于很早就看重魏徵的胆识才能，非但没有怪罪他帮助太子谋害自己，还任命他为谏官，并经常引入内廷，询问政事得失。

魏徵喜逢知己之主，竭诚辅佐，知无不言，言无不尽。李世民登基后，性格耿直的魏徵在其面前，仍能据理力争，从不委曲求全。

628年，魏徵被授秘书监，并参掌朝政。由于魏徵能够犯颜直谏，即使太宗在大怒之际，他也敢面奏廷争，从不退让，所以，唐太宗有时对他也会产生敬畏之心。

638年，魏徵看到唐太宗对朝政逐渐怠惰，懒于政事，追求奢靡，便上奏了著名的《谏太宗十思疏》，列举了唐太宗执政初到当前为政态度的十种变化，还向太宗上疏了“十思”，即“见可欲则思知足，将兴缮则思知止，处高危则思谦降，临满盈则思挹损，遇逸乐则思撙节，在宴安则思后患，防拥蔽则思延纳，疾谗邪则思正己，行爵赏则思因喜而僭，施刑罚则思因怒而滥。”唐太宗看后，反省了自己的过失，把魏徵的奏疏贴在屏风上，作为对自己的警示。

作为一位杰出的政治家，魏徵有胆有识，敢于直言进谏，指出皇帝和朝廷的错误过失，受到人们的尊敬。唐太宗甚至把贞观之治的斐然政绩归功于魏徵，他说：“玉石虽美，但是在于石头之中，不经过良工琢磨，与瓦砾无异。我虽无美质，但是幸亏魏徵切磋琢磨，帮助我以仁义道德治理国家，我才会有今天的功业。魏徵真堪称良工啊！”

贞观之治是中国封建社会的顶峰时期，是后世一直景仰钦慕的太平盛世。而魏徵为这一盛世的开创，为中国历史的发展，做出了不朽的贡献。

唐朝鎏金卧龟莲花纹五足银熏炉

在唐太宗的统治下，唐朝社会十分繁荣。这时唐太宗时常陶醉在自己的政绩中，因此魏徵常常直谏他不要只贪图眼前的安逸，要居安思危。

**人物档案**

姓　名：狄仁杰

生卒年：630年～700年

出生地：并州太原（今山西太原）

身　份：唐代政治家

# 护国良相

# 狄仁杰

Di Renjie

**狄仁杰是唐早期的一位睿智、机敏、刚正不阿、极具远见卓识的政治家，他的功绩显赫于世，成为中国遐迩闻名的千古名相。**

## 科举及第　德才兼备

狄仁杰出身于一个官宦之家。他的祖父狄孝绪任唐太宗时的尚书左丞，父亲狄知逊任夔州长史。狄仁杰通过明经科考试及第，出任汴州判佐。任职期间狄仁杰被吏诬告，工部尚书阎立本受理讯问。阎立本不仅弄清了事情的真相，而且发现狄仁杰是一个德才兼备的难得人物，便推荐他做了并州都督府法曹。在此任内，狄仁杰通晓了吏治、兵刑等封建典章和法律制度，这对他一生的政治活动都有重大影响。

## 秉公执法　犯颜直谏

676年，狄仁杰升任大理丞。他刚正不阿，执法严明，兢兢业业，一年中判决了大量的积压案件，涉及到1.7万人，无冤诉者，一时声名大振，成为朝野推崇备至、断案如神、惩恶除奸的大法官。为了维护封建法律制度，狄仁杰甚至敢于犯颜直谏。

狄仁杰凭借自己的才干与名望，逐渐得到武则天的赞赏和信任。

一次，武卫大将军权善才误砍昭陵柏树，唐高宗大怒，命令治其死罪。狄仁杰奏权善才罪不当死，唐高宗疾言厉色地说：“善才斫陵上树，是使我不孝，必须杀之！”狄仁杰神色不变，据法说理：“犯言直谏，自古以为难。臣以为遇桀、纣则难，通尧、舜则易。今法不至死而陛下特杀之，是法不信于人也，人何措其手足！今陛下以昭陵一株柏杀一将军，千载之后，谓陛下为何主？此臣不敢奉旨杀善才，陷陛下于不道。”狄仁杰的谏言终于使唐高宗改变了主意，赦免了权善才。

狄仁杰向武则天推荐了十多位忠贞廉洁、精明干练的贤臣，这些人给朝廷带来了新的气象，成为唐朝的中兴名臣。

不久，狄仁杰被唐高宗任命为侍御史，负责审讯案件，纠劾百官。狄仁杰恪守职责，对一些谄媚逢迎、恃宠怙权的权要进行了弹劾。唐高宗本想宽容包庇左司郎中王本立，狄仁杰以身护法，说道：“国家虽乏英才，岂少本立辈！陛下何惜罪人以亏王法。必欲曲赦本立，请弃臣于无人之境，为忠贞将来之戒！”王本立最终被定罪，朝廷肃然。

狄仁杰在唐高宗时期就奉劝皇帝不要因为出外巡视，把在田间劳作的百姓征召来服徭役，以免影响了正常的农业生产。

## 举贤荐能　名垂青史

693年，权倾一时的武承嗣认为狄仁杰是他立储的障碍之一，便勾结酷吏来俊臣诬告他“谋反”。后来虽然案情查清，但狄仁杰却被贬为彭泽令。697年，狄仁杰被召回朝中，成为辅佐武则天治理国家的左右手。此时，狄仁杰已年老体衰、力不从心，但他深感责任的重大，仍然尽心竭力，提出一些有益于国家发展的政见。

一次，武则天让狄仁杰举荐一名将相之才，他推举了荆州长史张柬之。武则天将张柬之提升为洛州司马。过了几天，武则天又让狄仁杰举荐将相之才，狄仁杰说：“前荐张柬之，尚未用也。”武则天声称已经将他提升了。狄仁杰说：“臣所荐者可为宰相，非司马也。”由于狄仁杰的大力举荐，张柬之被武则天任命为秋官侍郎，后来又升至宰相。除张柬之外，狄仁杰还先后举荐了桓彦范、敬晖、窦怀贞、姚崇等数十位忠贞廉洁、精明干练的官员，他们被武则天委以重任之后，政风为之一变，朝中出现了一种刚正之气。

狄仁杰很重视农业生产，在地方为官时，多次治理当地农业。

狄仁杰一生精忠谋国，献身刑狱诉讼，为武周的清明统治做出过卓越的贡献，他的历史功绩昭彰后世。

**人物档案**

姓　名：包拯

生卒年：999年～1062年

出生地：庐州（今安徽合肥）

身　份：宋代政治家

# 铁面无私的楷模

# 包拯

Bao Zheng

**包拯是宋代杰出的政治家。他为官清正廉洁，不徇私枉法，勤政爱民，被尊称为“包青天”。**

## 孝子不远行

包拯少时长期寄住在庐州城南的一座古庙里，刻苦读书，儒家经邦治国的思想和历史上忠臣孝义的事迹对他影响很大。从那时起，他就立志“竭忠死义”，为国家尽力。

宋仁宗天圣五年（1027年），包拯考中了进士，授官大理评事，出任建昌（今江西永修）知县。这时父母年事已高，不欲其远去，包拯便没有去上任，留在家里侍奉父母。他的孝心得到官吏们的交口称赞。后来，父母相继去世，他才在乡人的劝勉之下，重登仕途，出任扬州天长县（今安徽天长县）知县。

## 巧断牛舌案

包拯在天长县任知县时，很有政绩。他以断案敏捷，博得了人们的赞扬。这一时期包拯最有名的断案是巧断牛舌案。

有一天，一个农民到县衙告状，说他家牛的舌头被人割去了，牛不能吃草，只能坐以待毙。按照宋代的法律，百姓不能私宰耕牛。因此包拯嘱咐他不要声张，要他回家悄悄把牛宰了。过了几天，有人状告这个农民私宰耕牛。包拯脸色一变，敲一下惊堂木，喝道：“大胆狂徒，你割了人家的牛舌头，现在却来状告别人私宰耕牛，该当何罪?还不如实招来！”告状者大吃一惊，只好如实招认。原来他与牛主人有

*有些权贵侵占了河道，导致开封发了一场大水。铁面无私的包拯立即下令拆掉建筑，这些权贵们很生气，但是拿他毫无办法。*

仇，想用割牛舌的办法使牛主人杀掉耕牛，然后再告倒牛主人。“巧断牛舌”一案，显示出包拯明察秋毫、善断狱讼的才华。

京剧中的包公形象

京剧中的红脸和黑脸一般是正面角色的脸谱。红脸表示忠勇，黑脸代表正义。包公的黑脸就代表了他刚正不阿、匡扶正义的特点。

## 不畏权贵

包拯先任天长县知县，后又升为端州（今广东省肇庆市）知州。两届任期满后，他刚正清廉的英名已经传遍天下，因此调到了京城，任殿中丞，后来又历任监察御史、三司户部副使、知谏院等职。包拯为官期间，清正廉洁，铁面无私，专为老百姓申冤除害。

包拯回京任监察御史时，为惩治贪官，向宋仁宗上书《乞不用赃吏》，认为清廉是人们的表率，而赃吏则是“民贼”。包拯七次上书弹劾江西转运使王逵，揭露他“心同蛇蝎”，残害百姓的行径，并指出王逵残暴成性，难以悔改，不能把管理百姓和官员的权职交给王逵，听任他肆意残害民众。由于包拯七弹王逵，据理抗争，宋仁宗只好罢免了王逵转运使的职务。

1052年，包拯因为弹劾外戚张尧佐而触犯了宋仁宗，被调离京城，改任河北都转运使，龙图阁直学士的虚衔。四年后，包拯又被调回了京城，任开封府知府。他在短短的时间内，把号称难治的开封府治理得井井有条。

开封龙亭

## 直言敢谏

1051年九月，东京接连十来天下大雨，仁宗在皇宫里吃斋祈祷。不久天晴了，宋仁宗就祭祀天地，下诏大赦，还要给文武百官升迁一级。包拯强烈反对这种做法，立即上书，提出应当是有功德的才升迁，不能这样随便轻率。包拯这些直言敢谏的事被后世广为传颂。

开封包公祠

后世的人们景仰包拯匡扶正义、清正廉洁的精神，所以在包拯去世后，修建了许多祠堂来纪念他。

包拯不仅对朝廷大事敢于指出皇帝的决定有不妥之处，而且多次为民请命，直言上谏。1052年，包拯提任河北都转运使，不久，又改任高阳关路安抚使。他发现所属11个州军欠官府的各种钱物达10万余贯，随即向朝廷说明欠负的缘由，是因为有许多民户逃亡，即使还留在当地的，也没有家业，根本无法偿还，他要求朝廷免除这些征赋。包拯的请求被采纳了，当地人民都很感激他。

如今，包公已经成了清廉正直、铁面无私的代名词，世人怀念这位名垂千古的清官。

**人物档案**

姓　名：王安石

生卒年：1021年～1086年

出生地：江西临川（今江西抚州）

身　份：北宋政治家、文学家、思想家

# 中国十一世纪的改革家

# 王安石

Wang Anshi

**王安石是北宋中期伟大的政治家。他积极推行新法，不仅在当时起到富国强兵的作用，对后世也产生了很大的影响，被国学大师梁启超誉为“中国六大政治家”之一。**

## 少年壮志

王安石出身于一个书香世家，他的叔祖王贯之中过进士，他的父亲王益登进士时刚刚22岁。在家庭环境的影响下，王安石从小就酷爱读书，而且记忆力超群。从诸子百家到《素问》《本草》这类的医书，他无所不读；对于农夫女工，他无所不问。王安石曾说：“善于学习的人，读书时，只是在探求书中的真理。如果合乎我的心思，即使是樵夫牧民的话，我也不会忽略。如果言而无理，那么，就算是周公孔子的话，我也不会听从。”宋代的科举取士，使探求知识的文人们一头钻进了儒家诗书经传、笺释注疏中，年轻的王安石却能不拘泥于儒家经典，不拘泥于古圣先贤，显得不同凡响。

王安石年轻时就立志要做一番大事，他曾经在一首《忆昨诗示诸外弟》中这样写道：“吟哦图书谢庆吊，坐室寥寞生伊威。才疏命贱不自揣，欲与稷契遐相希。”诗中王安石回忆了自己年轻时谢绝喜庆丧吊的应酬，专心致志，闭门攻读的情景，认为自己虽然才疏学浅，但仍立志成为商朝伊尹那样的经纶之才，力图像后稷和契那样造福社会人民。后稷和契都是踏踏实实造福百姓的实干家，王安石年轻之时就追慕他们，不慕虚名，立下了学以致用、经世治国的远大志向，开始了他披荆斩棘的奋斗历程。

*王安石推行一系列的变法后，农民的负担减轻了，农业得到一定程度的发展。*

## 初入仕途　勤政爱民

1042年，王安石进京参加礼部考试，一举高中进士第四名。不久，王安石被派往扬州，在韩琦幕下做官。在扬州做官期间，他仍发愤苦读，每每读书至天明。1045年，王安石在扬州任满，他毅然放弃了飞黄腾达的好机会，决心去担任地方官，把自己的满腹经纶付诸于实践。

司马光继任丞相后，废除了王安石实行的一切改革措施，使王安石的变法彻底失败。图为司马光。

1047年，王安石出任鄞县（今浙江宁波市鄞州区）县令，开始了他独掌地方政务、为“亲民之官”的政治生涯。王安石的勤政爱民得到了鄞县老百姓的赞许。王安石在鄞县任满后，解官回乡候职。北宋朝廷曾召王安石到京城就馆职，又授予他集贤院校理的职务。王安石以“家贫口多，难住京师”为由谢绝了。此后，他又做了十几年的地方官。

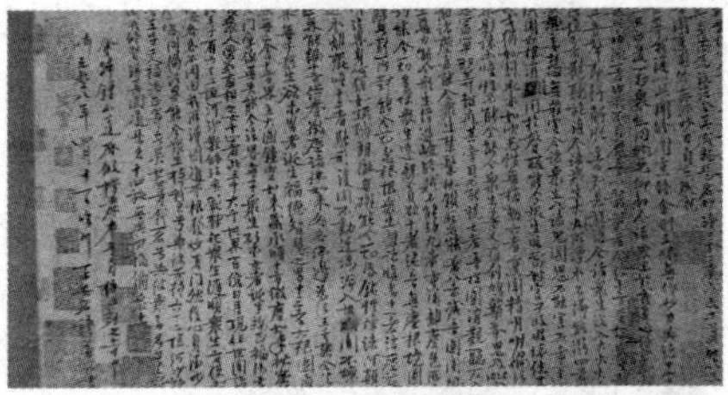

王安石的书法真迹——《楞严经旨要》

## 不畏阻力　熙丰变法

1067年，20岁的神宗皇帝即位。年轻的神宗不愿因循守旧，决心发愤图强，革新政治。王安石所表现出来的改革精神与神宗励精图治的想法相通。于是，神宗决定重用王安石。

然而，神宗的计划却受到了很多元老重臣的反对，司马光、唐介等都反对王安石参政。神宗不顾元老们的阻挠，毅然将王安石提升为参知政事（相当于副宰相），第二年又将他提升为同中书门下平章事（相当于正宰相）。王安石辅佐神宗，掀起了从熙宁二年（1069年）到元丰八年（1085年）前后持续16年之久的熙丰变法运动。

大改革家王安石

1069年，在王安石的建议下，朝廷先后颁布了《农田水利法》《青苗法》《募役法》等新法法令。实施“农田水利法”后，从1071年到1078年，全国修了1万多处水利工程，可灌溉耕地达到2万多平方千米。农田水利的兴修推动了农业生产的发展，使百姓直接受益。其他各项法令也不同程度地缓解了北宋的经济困难。但是，王安石的改革损害了大地主大官僚的切身利益，遭到了守旧势力的阻挠和破坏。在这种情况下，王安石只好于1074年辞去宰相职务，退居金陵。王安石殚精竭虑地推行变法，不仅在当时起了富国强兵的作用，对后世也产生了很大影响。

**人物档案**

姓　名：林则徐
生卒年：1785年～1850年
出生地：福建侯官（今福建福州）
身　份：清末政治家

林则徐

# 虎门销烟的民族英雄

# 林则徐

Lin Zexu

**林则徐是清代杰出的政治家、思想家。他主张查禁鸦片，抵抗侵略，坚决维护中国主权和民族利益，表现出伟大的爱国主义精神。**

## 求学入仕

林则徐父亲林宾日是一个私塾里的教书先生，在他的指导下，林则徐4岁就开始读书了。林则徐天资聪颖，领悟力强，读书进步很快。林则徐在12岁的时候参加了第一次乡试，顺利通过。1804年，林则徐中举人。1811年，林则徐第三次进京参加会试，得中进士，被选为翰林院庶吉士。从1813年到1819年间，林则徐历任编修、协修等京官，两度外放江西、云南为官。1820年3月，嘉庆皇帝任林则徐为江南道监察御史。

虎门炮台

## 虎门销烟　抗击侵略

1838年，以英国、法国为代表的欧美商人在广州疯狂地贩卖鸦片。清政府派林则徐到两广地区主持禁烟工作，同时整顿海防，招募水师。

1839年3月10日，林则徐到达广州，雷厉风行地展开禁烟运动。3月19日，他下令禁止外国人离开广州，3月21日下令包围商馆，3月22日下令查捕英国鸦片贩子颠地。这时，英国驻华商务监督义律乘船抵达广州，准备抵制中国的禁烟运动。在义律到达广州的那天，林则徐下令对停泊在珠江上的一切外国船只封舱，当天晚上封锁商馆，并且撤走一切差役和中国雇员。3月28日，义律被迫同意上缴全部鸦片。林则徐收缴鸦片取得了胜利，此次收缴鸦片的总重量达1188吨。

民族英雄林则徐

6月3日下午，林则徐在虎门将收缴来的鸦片全部销毁。虎门销烟成为林则徐一生中最为光耀的壮举。他也因此成为中国近代第一位杰出的民族英雄。林则徐的思想和行为，已经升华为民族的宝贵财富。

［第四章］

Part4

# 圣哲名师

人类历史是在风雨坎坷中曲折前进的。当社会处于激烈动荡、巨大变革的时期，需要有人为解决社会矛盾出谋划策，为社会的发展指明方向时，这些被后世尊称为“圣哲名师”的人便站在了历史的舞台上。道家鼻祖老子，以“道”为核心，构建起中国朴素辩证法的哲学体系；儒学大师孔子，高唱“仁爱”、“礼义”的赞歌，对中国两千年的社会和思想产生巨大影响；超然脱俗的庄子，为人们开辟了寻求精神自由的新天地……这些人用其深邃的思想指引人们选择前进的道路，其巨大的力量推进了历史的车轮。

**人物档案**

姓　名：李耳
生卒年：约公元前571年～前471年
出生地：春秋楚国苦县（今河南鹿邑）
身　份：道家学派创始人

李耳

# 道家学派的鼻祖
# 老子
Laozi

**老子是春秋时期著名的思想家、哲学家。他以“道”为核心概念，推演出具有整体观念和朴素辩证意识的哲学体系，使之成为中华民族国民精神的两大源头之一。**

## 读书刻苦　终成学者

老子出生在楚国苦县，刚一降生，家人就发现他的相貌不同于常人：前额宽阔，耳垂特别大。按照当地人的说法，耳垂大是有福的象征，人们便断言这孩子日后必定长寿。于是，他的父亲就给他起名叫李耳。

李耳小时候很聪明，肯动脑筋。有一次他和一群孩子争论一棵大树是什么树，一个孩子看到树上有一个“槐”字，就说是槐树，李耳看到树的另一面写有“楝”字，就说是楝树，最后两人才弄清楚这原来是合欢树。从此以后，李耳认识到看问题不仅要看正面，还要看反面。他还从益鸟和害鸟的外形相似，认识到善恶难分，要区分善恶，必须静心观察。

*道教活动画像*
*道教创立的时候，奉老子为教主，以老子的《道德经》为主要经典。*

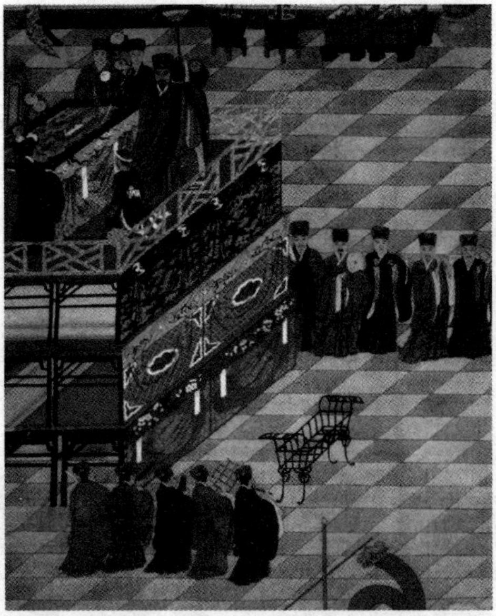

稍大一些，李耳便开始广泛地阅读各种书籍，很快，他就成为当地小有名气的人物了。但他并不满足，渴望读到更多的书，知道更多的道理，使眼界更加开阔。于是李耳在20多岁的时候，只身来到东周的政治文化中心——洛阳。因为学识广博，他没过多久就当上了负责东周王室的藏书史官。

有了更好的读书环境，李耳如饥似渴地读书，逐渐产生了深邃睿智的思想。经过多年钻研，他成为当时一位精通周礼理论与制度的大学者，被人们尊称为老子。

## 屡被免职　释礼于孔子

春秋末年，周王室衰微，把握政权的公

卿结党营私，控制朝政。老子由于得罪了周甘简公，被免去了史官之职。

老子出关图

周甘平公即位后，老子官复原职。联系到自己的失官，老子认为这与自己的言行有失于检点有关。自己得罪权贵而被免职，是因为忘了在福中蕴藏着祸患，是粗心大意所致。经过反复思考，老子认为守柔弱、守静笃是一种防止祸患的好方法。这便是老子思想的雏形。

老子复职后，孔子到周朝王城学习周礼，问礼于老子。在周王朝做了三十年史官的老子，目睹了官场的腐败，开始对周礼的实质有所认识。他耐心地解答了孔子的问题，诚恳地对他说："我送你几句忠言吧。在庙堂阶前有一尊'三缄其口'的金人，其背后刻有'无多言，多言多败；无多事，多事多患'等铭文。这铭文是我时常思考的人生问题，也是我要送你的良言，希望你去掉身上过多的骄气与功名利欲，及自我表现的毛病。"

不久，老子在周王室的内讧中又一次被免职，为此他回到阔别三十多年的故乡。

## 探求天道　著《道德经》

老子塑像
随着老子学说影响的扩大，老子在人们心中的形象逐渐被神化了。

老子在回乡的路上，看到一片破败的景象，从现实社会中感受到了人民的穷困和王室贵族的骄奢，越来越看清贵族们虚伪贪婪的真面目。他开始与自己过去所维护的周礼决裂开来，着手探索新的治世方法，进而探索宇宙的本源，形成道法自然、以无为本、有无统一的天道观。通过对天道的探求，老子的思想升华到一个非常精纯的高深阶段。

在老子回乡后，各诸侯国之间越战越乱，老子左思右想，决定去民风淳朴的秦国安度晚年。于是，老子骑着青牛上路了。没走几日，老子便来到了函谷关口，守关的官员尹喜盛情款待了老子。尹喜对老子的思想非常感兴趣，建议老子把它写下来传给后世。经过几个月的努力，老子把自己关于道、德、无为而治、以弱胜强以及对宇宙、人生、社会等方面的见解，全部融于一书之中，写成一部五千字的《道德经》。这部书最核心的内容是"道"。老子认为"道"是宇宙的本源，世间万事万物的形成和发展，都是由"道"转化而成的。成书之后，老子继续西行，但此后就没有人知道他的下落了。

**人物档案**

姓　名：孔丘
生卒年：公元前551年～前479年
出生地：鲁国陬邑（今山东曲阜东南）
身　份：儒家学派创始人

孔子

# 中华千古圣人
# 孔子
Kongzi

**孔子是春秋时期伟大的思想家、教育家、政治家。他以“仁爱”、“礼义”为根本，形成孔子思想，创建儒家学派，对中国两千多年的社会和思想产生了深远的影响。**

## 虚心求学

孔子自幼聪明，母亲教他说话、识字，他学一两遍就记住了。但好景不长，当孔子两岁时，父亲孔纥突然病卒，母亲颜氏含辛茹苦地抚养他长大。

年少时的孔子不仅聪明好学，而且非常刻苦，不懂就问，他的渊博知识就是这样一点一滴地积累起来的。孔子17岁时母亲去世，孔子立下志向，要在童年刻苦学习的基础上，奋发自学“六艺”，并更加注重联系实际，研读“礼”这门学问。

堪称万世师表的孔子

在游太庙时，孔子不厌其烦地向老者请教祭祀的礼仪。帮人办事时，他便主持礼仪之事、朗读祭文。为了生存，孔子年轻时还给人当过会计，做过管理畜牧的小吏。在帮人放羊时他还抽空拜师学习射箭。终于，孔子在曲阜阙里和乡间闯荡两年后，实现了他谋生和谋学相结合的计划。

在后来的成长岁月中，孔子依然虚心学习，发愤进取。他29岁时阔别亲友，跟师襄学琴；34岁时，到东都考察文物，学习礼乐，并与南宫敬叔一起登门问礼于老子。虚心求学最终使孔子成为一位大学问家。

## 创办私学

孔子博学的名声慢慢传播开来，有人就把子弟送来，请他收为门徒。孔子30岁左右时，有了第一批弟子。自此，孔子成为中国第一个以私人身份创立学派的人，同时也是中国教育史上第一位以私人身份公开教学的教育家。

孔子对教育、教学原则及方法的论述，是古代中国社会最完备、最博大精深的教学理念体系。他提出的“温故而知新”、“举一反三”、“因材施教”等教学观点，至今仍有重要的借鉴和启示意义。孔子主张“有教无类”，主张人不论出身贵贱，都享有平等接受教育的权利。凡是到他门下求学的人，不论出身、地位如何，只要能交上作为学费的10条干肉，便可入学。于是，孔子门下有了一大批下层平民弟子。

孔子一生中大约教出3000位学生，其中精通“六艺”的就有72人，还有不少受到孔子教诲却没有正式入籍的学生。有些学生在掌握了多方面的知识后走上了仕途。

孔子不仅是私人讲学的倡导者，也是在私人讲学的风尚中最有成就及对后世影响最大的人。正是因为有了私学，才会出现后来“百家争鸣”的局面。

*孔子任鲁国大司寇*

*51岁时，孔子任鲁国中都宰。由于为政有方，因此国都安宁，使得四方诸侯竞相学习效仿。次年，孔子由中都宰提升为鲁国司空、大司寇，掌管工程和国家刑狱。*

## 周游列国

公元前497年，孔子为了实现自己的政治抱负，离开鲁国，开始周游列国。他曾到过卫、陈、曹、宋、楚等国，其中，在卫国度过的时间最长。在周游列国的过程中，孔子曾多次遭遇危难。

在路过卫国边邑匡（今河南长垣县境）的时候，匡人把孔子当成好杀人的阳虎，将他和随行的弟子们包围起来，后来匡人搞清楚事情的真相，才将他们放了回去。路过宋国的时候，宋国贵族司马桓魋想杀害孔子，孔子经化装才得以逃脱。

公元前484年，鲁国贵族季康子准备了厚礼，派人从卫国请回孔子。孔子在外游历14年，回到鲁国时已经67岁了，但他仍然没有找到一个可以推行他“仁政德治”主张的理想国君。于是，孔子将全部精力用在了文化教育事业上。

孔子还是儒家学派的创始人，为中国古代文化的传承和发展做出了不朽的贡献。他整理编订了《易》《诗》《礼》《乐》《书》《春秋》“六经”。孔子去世后，其学生追忆他日常教诲和生活行为，整理成《论语》这部语录体著作。

*孔子讲学*

*在教学实践中，孔子总结出一整套教育理论。他教育学生，只有通过艰苦的学习才能学到知识。在学习态度上，他要求学生要有老老实实的态度，“知之为知之，不知为不知”。他还用“三人行，必有我师”、“不耻下问”等言论，教育学生要虚心向别人学习。*

**人物档案**

姓　名：孟轲
生卒年：约公元前372年～前289年
出生地：邹国（今山东邹城）
身　份：战国中期思想家、教育家

孟子

孟子是继孔子之后儒家学派又一位宗师。

# 认为民贵君贱的儒家精英
# 孟子
Mengzi

孟子是战国中期的思想家、教育家，他继承和发展了孔子学说，提出“王道”、“民本”主张，倡导“性善”论，成为中国历史上仅次于孔子的最具影响力的儒学宗师。

## 孟母三迁　望子成龙

“孟母三迁”的故事已家喻户晓。从孟母迁家时所拿的琴、书、剑可窥见孟母对孟子的教育态度。

孟子3岁的时候，父亲就去世了，抚养教育他的责任就由母亲仉氏独立承担起来。孟母非常重视对孟子的教育。最初孟家居住的附近有一块墓地，送葬的队伍经常从他家门前经过。孟子对送葬的仪式非常好奇，就经常模仿吹鼓手吹奏的动作和妇女哭啼的样子，还不时地和邻居家的孩子到墓地玩死人下葬的游戏。孟母对儿子这样玩耍很生气，认为不利于他读书，便果断地决定把家迁到城里。

到了城里，孟母原以为会有个更好的环境让儿子读书，希望他能早日成才，振兴孟家。可是他家地处闹市中，打铁声、杀猪声、叫卖声终日不断，小孟子便常和邻居家的孩子玩起做买卖的游戏。孟母觉得这个地方也不适合儿子读书，便再次决定搬家。

这次孟母将家安在了学宫对面。学宫里的环境很好，书声琅琅，孟子很快便安下心来读书了。有时，他还向学宫里张望，观看里面的学生怎样读书，怎样跟随老师演习周礼，回到家里就模仿起来。看到孟子在演习周礼，孟母非常高兴，就把孟子送进了学宫，学习《诗经》《尚书》等。

## 讲学著书　周游列国

孟子继承和发展了孔子的思想，被尊奉为仅次于孔子的“亚圣”。图为孔庙。

孟子曾受业于子思的门人，接受儒学教育。后来他发展了孔子的“礼治”和“德政”思想，提倡“王道”，主张“仁政”。孟子30岁左右的时候，便仿效孔子，开始收徒讲学。

公元前329年，44岁的孟子开始带着弟子周游列国，他们首先慕名来到齐国。然而，齐威王一心想争霸中原，用武力统一天下，这恰与孟子所主张的“以德服人、实行仁政”的思想背道而驰。孟子只好离开齐国，来到宋国。可是宋王恒年轻好色，左右贤人不多，似乎也不是能推行仁政的对象。第二年，孟子就回到故乡邹国。但他因指责邹穆公不实行仁政而惹怒邹穆公，失去了邹穆公的馈赠，于是再次离开邹国。孟子再次来到宋国，在这期间和滕国的太子交上了朋友。这位太子当上了国君（即滕文公）后，就派人将孟子接到滕国，待为上宾。孟子在滕国时，提出了著名的“劳心者治人，劳力者治于人，治于人者食人，治人者食于人”的著名论断。

公元前318年，孟子再次来到齐国，向齐宣王宣扬“仁政”、“仁、义、礼、智”等性善论观点，反对暴政，但依然无结果。尽管如此，孟子却一直认为，理想的人格是面对君主决不卑躬屈膝、低人一等。

有一次，孟子准备去见齐宣王，齐宣王派人传话说：他不巧生病了，不能来；如果孟子肯来朝见，他可在临朝办公的时候见孟子。孟子不高兴了，说他也生病了，不能上朝。弟子很不理解，孟子解释说：“齐宣王有富、有爵，我有仁、有义，并不比他低到哪儿去。齐宣王只有爵，而我有龄有德，齐宣王不能凭借其爵位而轻视我的年龄和道德。”

孟子不畏路途遥远来到魏国，向梁惠王讲解治国的道理。

公元前311年，孟子回到故乡邹国，结束了十几年的周游生活。这时他已经62岁。从此他不再远游，除了讲学外，便著书立说，同他的弟子一起把自己的言论编成《孟子》六篇。

人物档案

姓　名：庄周

生卒年：约公元前369～前286年

出生地：宋国蒙（今河南商丘东北）

身　份：战国时期哲学家

# 追求个性自由的一代宗师

# 庄子

Zhuangzi

**庄子是继老子之后最伟大的道家思想建构者、发展者，其思想在中国哲学、文学及艺术领域产生过极大影响，深入到累世中国人的生活和灵魂中。**

## 生逢乱世　潜心研学

战国中期，各诸侯国之间的战争愈演愈烈，给广大百姓的生活带来了许多灾难。庄周生活的蒙县也不例外。庄周15岁左右的时候，在家乡的私塾里读书。先生给他们讲的是自古以来出现的圣人，让他们学习圣人的思想，以准备有朝一日可以辅佐君王。而圣人们都是提倡仁义礼智的，因此庄子觉得书上的说法与现实生活不相符，便问先生原因。先生总是回答他说，自孔子以来，学者们都是这么说的，那便是正确的。听多了这种不能让自己满意的回答，庄周便不再提问了。后来，庄子发现老子写的《道德经》很值得去研究，便潜心研习老子的道家学说。渐渐地，庄子也成了一位很有学问的人。

*庄子十分贫穷，常靠编织草鞋度日。*

## 贫困清高　蔑视权贵

在这样一个战火连天、苛捐杂税多如牛毛的年头里，庄子家也十分贫穷。他住在狭窄的小巷里，靠编织草鞋度日，饿得面黄肌瘦，有时还不得不向人家借米救急。然而，庄子深谙名利之害，即使生活再贫穷，也不肯出仕谋粮糊口。有一次，楚王派两位使者携带重金去聘庄子为丞相。庄子正在濮水边钓鱼，他手执钓竿头也不回，对使者说：“我听说楚国有一只神龟已经死了3000年了，国王把它盛在竹箱里，用手巾包着珍藏在庙堂之中做占卜用。请问，这只乌龟宁肯送了性命留下一把骨头显示它的尊贵呢，还是宁肯活着，拖着尾巴在烂泥里自由自在地打滚呢？”使者说：“当然宁肯活在烂泥里自由自在地打滚了。”于是庄子说：“那就请便吧，我宁肯拖着尾巴在烂泥里自由自在地打滚。”

## 讲学传道　著书立说

庄子的思想一天天成熟起来，他的名声也一天天大了起来，很多人慕名前来拜他为师，庄子看有些人确实非常诚恳，便也收了一些弟子。一天，有一位名叫东郭子的弟子问庄子：“道在哪里？”庄子说：“你必须做到顺任自然无为，寂寞而清虚，你的意志才会得到极大的自由，你的精神才可以逍遥于广漠空虚，无所不至。这样，你就能在各种各样的事物中体悟出道了。”这番话道出了庄子理想精神境界的本质内容，即对个人精神绝对自由的追求。

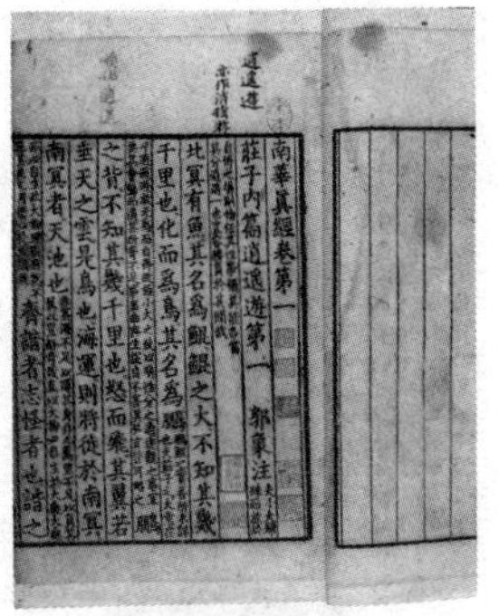
南華真經卷第一
莊子内篇逍遥遊第一　郭象注
北冥有魚其名爲鯤鯤之大不知其幾
千里也化而爲鳥其名爲鵬
之背不知其幾千里也怒而飛其翼若
垂天之雲是鳥也海運則將徙於南冥
南冥者天池也
齊諧者志怪者也諧之

《庄子》书影

这部书是庄子和他的学派的著作汇集，分为内、外、杂三部分，现存三十三篇，约六万五千字。书中多用生动的寓言和浪漫的笔调谈论哲理，从这部书中人们可以看出庄子的思想和为人。

在讲学与来访者交流思想的过程中，庄子发现，有时候他的观点很难被别人理解。于是，他通过寓言故事，巧妙地揭露了现实丑恶，猛烈地抨击掌权的暴君，同时也描绘出了理想生活的蓝图：人人种地吃饭，织布穿衣，没有压迫，没有剥削，过着丰衣足食的安乐生活。

庄子七十多岁的时候，他的妻子死了。惠子去吊唁，却见庄子正盘腿而坐，敲着瓦盆在唱歌。惠子说：“你的妻子跟你生活了一辈子，给你生儿育女，现在她老而身死，你不哭也就够了，还敲盆而歌，这不是太过分了吗？”庄子说：“不是这样，她刚死的时候，我怎能不哀伤呢？可是想想她起初本来是没有生命的；不仅没有生命而且还没有形体；不仅没有形体，而且还没有气息。在若有若无之间，她变而成气，气变而成形，形变而成生命，现在又变而成死。这样生来死往的变化，就如同春夏秋冬四季的运行一样，人家静静地安息在天地之间，而我还在哭哭啼啼，我认为这样不通达生命和道理，所以才不哭。”在庄子看来，生与死是顺应自然的变化，因此不必乐生，也不必悲死。

庄子一生鄙视利禄，视仕途为草芥，追求超然物外的精神境界。

庄子继承和发展了老子的道家思想，形成自己独特的哲学思想体系。他在晚年的时候，把自己的思想系统作了一番总结，著成《庄子》一书。庄子把“道”作为世界的最高原理。他认为，从道看来，小草茎和大屋柱、丑人和美人都是一样的，没有任何差别，从而形成了相对主义理论。庄子的思想是中华民族深邃而又充满内涵的思想资源，是哲学宝库的重要组成部分，深刻地影响着各个阶层的中国人的灵魂与生活。

**人物档案**

姓　名：韩非

生卒年：约公元前280年~前233年

出生地：战国末期韩国（今河南省新郑市）

身　份：法家代表人物、战国末期哲学家

韩非子

# 法家的杰出代表
# 韩非
Han Fei

**韩非，后世称“韩非子”，不仅是一位政论家，也是先秦时期法家思想的集大成者。他总结前人思想，提出了一整套法、术、势相结合的法治理论。他的思想催化了一个新的时代。**

## 怀才不遇　著书立说

韩非子为韩国贵族出身，他从小就非常喜欢“刑名法术之学”，青少年时期拜师于荀况，与后来做过秦朝丞相的李斯是同学。韩非子有些口吃，不大善于讲话，但文采出众，写得一手好文章，就连能够写出《谏逐客书》那样好文章的李斯也自愧不如。

当时的韩国在诸侯战争中屡战屡败，在强秦的威胁下，随时有亡国的危险。韩非子眼见韩国政治腐败，改革不力，在强秦进攻面前一再割地受辱，心中充满忧虑。他多次上书韩王，提出修明法度、求士任贤、赏罚分明等富国强兵的建议，但是，昏庸无能的韩王不辨良莠，根本不理睬韩非子的主张。在失望与苦闷中，韩非子只有靠著书立说来表述自己的政治主张。这一时期，他写下了《孤愤》《五蠹》等55篇文章，约有10万余字。

## 秦王兴师　只为韩非子

韩非子的书流传到秦国，秦王嬴政看了之后，以为是前人所著，感叹地说：“如果能见到这个人，与之交游，即使死了也无遗憾。”当时李斯正好在旁边，他对秦王说：“这是韩非子的著作。”于是，秦王马上发兵攻打韩国，欲得到韩非子。

秦王虽欣赏韩非子的才华，但对他并不信任。

在公元前234年的一天，秦国的三十万大军突然直压河南中部，秦韩两国边境一带战云密布，形势岌岌可危，韩国朝野上下惊恐万分。此

时，刚刚即位五年的韩王安立即把王公大臣们召集到大殿之上，讨论了半天也不知道怎么把秦军给招惹来了，更不知道如何退敌。一时之间，众人垂头丧气，无以为计。忽然，朝官报告说秦国使者到了。

使者见到韩王后，开门见山地说："秦国与韩国世为睦邻，兵戎相见实为不忍。要使秦军退兵也不难，只要贵国的韩非子到秦国走一趟。"韩王安忙命令朝官去找韩非子。韩非子跟在朝官后面往大殿走，满心疑惑：韩王以前躲我都躲不及，难道今天是脑袋开窍了？

战国鹿形金怪兽

见过了秦国使者，韩非子才明白，真正想见自己的不是韩王，而是远在陕西的秦王。原来秦王为确保万无一失，才不惜动用三十万大军跋涉百里到中原造势。数日后，韩非子作为韩国的使者奔赴咸阳秦宫，三十万秦军也班师回营。韩国的一场亡国危机就这样暂时化解了。

## 含冤而死

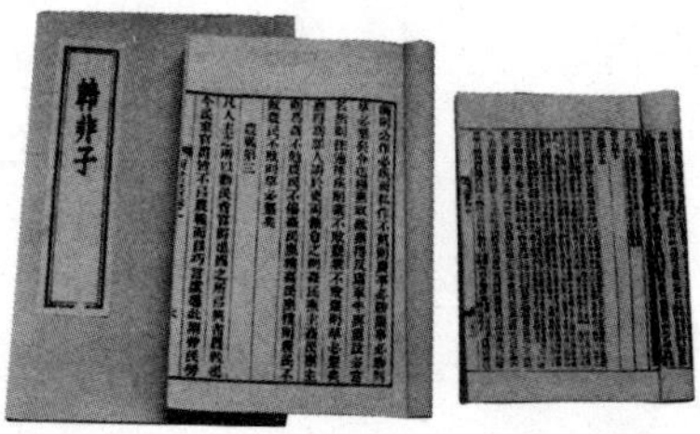

《韩非子》书影

公元前233年，韩非子来到了秦国。然而，秦王只是欣赏韩非子的才华，对他并不信任，一时也没有给他安排什么官职。韩非子不久上书秦王，陈述侵略韩国的利害，并指责特使姚贾是"梁之大盗"，指出他凭着秦王授予的权利，私自在外和诸侯交接、勾结。姚贾由此非常忌恨韩非子。与此同时，李斯唯恐韩非子得到秦王的信任会妨碍自己的前程，因此与姚贾串通一气在秦王面前毁谤韩非子，说秦王想吞并诸侯国，而韩非子终是全力为韩国，不会为秦王效力的，如今大王如果把韩非子放回去，则必留后患，不如找个罪名杀掉他。秦王听信了李斯的话，将韩非子定罪下狱。韩非子要求面见秦王，但没有得到获准。李斯怕秦王后悔，赶忙派人送毒药给韩非子，迫使韩非子自杀。不久，秦王果然后悔了，当他派人赦免韩非子时，韩非子早已身亡。

韩非子虽死，后人根据他提出的法、术、势相结合的治法理论，编著了《韩非子》一书，为秦的统一提供了理论基础，对中国以后两千多年的政治产生了深远的影响。

韩非子善于利用寓言故事来阐述自己的观点，"守株待兔"、"郑人买履"等寓言都是韩非子创造出来的。图为"守株待兔"描绘的场景。

**人物档案**

姓　名：朱熹
生卒年：1130年～1200年
出生地：徽州婺源（今属江西）
身　份：南宋哲学家、教育家

*朱熹*

# 理学大哲
# 朱熹
Zhu Xi

**朱熹是中国历史上继孔孟之后儒家学派的一代宗师，也是理学集大成者。他在哲学上建立了一个完整的客观唯心主义体系，这一思想在中国封建社会末期造成的影响达六百多年。**

## 立志做“圣人”

朱熹的幼年是在战乱的烽火中度过的。父亲朱松为躲避战乱而东躲西藏，几次丢掉官职，后来又因反对秦桧的主和政策受到打击而彻底离开了仕途。于是，朱松把全部希望寄托在儿子朱熹身上，他用严格的儒家教条管教儿子，要把儿子培养成一个饱学的大儒。

幼年的朱熹就是在父亲理学思想的熏陶下成长的。他八九岁时每天都读《大学》《中庸》《论语》《孟子》，从不间断。当弄懂了孔子所说的“仁远乎哉，我欲仁，斯仁至矣”的道理时，他认识到要下工夫、不罢休地去做事情，就能成功，于是更加发愤地读书。10岁那年，当读到《孟子》中所述的“圣人与我同类者”时，朱熹很受感染，从此便确立了要做“圣人”的人生目标。

朱熹14岁那年，父亲朱松积劳成疾，不幸病故。朱松临死前对朱熹说：“籍溪的胡宅、白水的刘勉之、屏山的刘子翚，这三位先生是我的好朋友。他们的学问是有渊源的，为我所敬畏。我就要死了，你应把他们当父亲一样对待，听他们的教诲，这样的话，我也就死而无憾了。”同时，他致书刘子翚，将妻、子相托。朱松死后，刘子翚把朱熹母子从建瓯接到五夫里。

*朱熹著书*

到了五夫里以后，朱熹进入刘氏家塾受学于三位先生。在这里，他受到了严格、良好、全面的儒家教育，这为他以后的学术发展奠定了基础。三位先生将儒学与佛、道相糅合，并把这种充满了禅机与玄理的儒学传授给朱熹，为他日后融儒、佛、道为一体，建立新儒学准备了条件。

1148年，朱熹考中进士，3年后授佐迪功郎，被任命为泉州同安县主簿。初入仕途的朱熹，在踌躇满志于治国平天下的壮志同时，丝毫也没有中止对学问、真理的追求。就在他到同安上任的前夕，还特意去拜访了父亲的“同门友”李侗。李侗与朱松曾一同从师于程颐的再传弟子罗从彦。朱熹与李侗相见并拜李侗为师，此举决定了朱熹学术思想由儒、佛杂糅向纯儒转变，也使他真正成为二程理学道统上的嫡传弟子。从此，一个以振兴儒学为目标、以接嗣道统为己任的朱熹出现在中国文化思想史的大舞台上。

朱熹的家乡婺源是一个风景如画的地方。

## 兴办书院　传播理学

朱熹多次被朝廷任命为地方的行政长官，但他志不在为官，故屡次辞命，一心专注于理学的学术研究与授徒讲学。即便在朱熹为官的时候，他每到一处，也总不忘建学校，兴教育，聚众讲学。在朱熹被任命为南康军知军期间，他修复了荒废已久的白鹿洞书院，并为书院制定了学规。在书院正式开讲的那一天，他亲自为学生讲课。每逢休息日，他总要到白鹿洞书院去，与学生们一起研讨论辩，答疑解惑。

程朱理学是北宋理学家程颢、程颐和南宋理学家朱熹思想的合称。图为程颢。

64岁时，朱熹被任命为知潭州荆湖南路安抚使。到任不久，他即着手重新修复岳麓书院。据记载，朱熹白天处理政务，极其辛劳，到了晚上，又与书院的学生们讨论学术，随问而答，毫无倦色。他的讲学由于切己务实，切中时弊，又亲切诚恳，使听讲的学生们很受感动。一时间，岳麓书院成为三湘士子问道学经的圣地。此外，朱熹还创办了武夷精舍、考亭书院等。每到一处，他必兴办书院；为官一方，他必整顿县学，为理学培养了大批人才。

朱熹讲学

朱熹对后世影响最大的还是他的学术思想。他集理学之大成，形成一个完整的客观唯心主义理学体系，对中国传统文化的发展起到承前启后的作用。

**人物档案**

姓　名：王守仁

生卒年：1472年～1529年

出生地：浙江余姚

身　份：明代哲学家、教育家

王守仁

# 主张“心外无物”的哲学家 王守仁

Wang Shouren

**王守仁是明代的哲学家和教育家，他在继承陆九渊的“心即理”等学说的基础上，创立了王学，确立了中国古代心学的理论体系。**

## 发展心学

王守仁是浙江余姚人，因他曾在阳明洞书院读书、讲学，故自称阳明子，后世尊称他为阳明先生。

王守仁是心学发展的集大成者，认为“心外无物，心外无理”，心是天地万物的主宰。一次，王守仁同弟子一道游山时，在深山中看到一朵花。弟子问：“天下无心外物，如此花树在深山中自开自落于我心亦何相关?”王守仁回答道：“你未看此花时，此花与汝心同归于寂，你来看此花时，则此花颜色一时明白起来，便知此花不在你心外。”王守仁的回答充分反映了他提出的“心外无物”的哲学观。

## 提倡“知行合一”

王守仁晚年集中精力于聚众讲学，并把他的思想归结为“四句教”，即“无善无恶心之体，有善有恶意之动，知善知恶是良知，为善去恶是格物”。

王守仁认为“良知”是每个人都有的，“满街皆圣人”，但并不是每个人都能照着良知去做。由此他进一步提出“知行合一”的观点，不同意把“知行”分开，将“知行”看成先后关系，认为“知是行之始，行是知之成”。虽然这一思想引起王门后学理解上的分歧和争论，但他的思想流行达150年之久，形成阳明学派，在明代影响极大。

*明代著名的东林书院*

*宋明两朝都是书院教育的兴盛时代，到明中期，书院更加兴盛。这为王守仁学说的迅速发展提供了有利条件。图为东林书院丽泽堂。*

[第五章]

# Part 5 科技英杰

中国历代科技人才层出不穷，虽然到了今天，我们仍能清楚知道名字的古代科学家已经为数不多，但是我们不会忘记那些曾为人类文明进步做出过卓越贡献的人们。在这个篇章中，将为您介绍的是为中国古代灿烂的科技文明做出过贡献的一部分卓越的科技人士。蔡伦造纸、毕昇发明活字印刷术，使文化传播变得更加方便与快捷；张仲景、华佗、李时珍等历代名医不仅悬壶济世，造福百姓，而且留下了许多医药学经典，泽被后人；黄道婆改进棉织技术，享有“衣被天下”的美誉；而天文、数学、水利、交通方面的科学家们，则让中国科技史的光辉显得异常耀眼，为整个世界所瞩目。

**人物档案**

姓　名：李冰
生卒年：不详
出生地：不详
身　份：战国末期水利专家

# 水利工程大师
# 李冰
Li Bing

**李冰设计和兴建的都江堰在世界水利工程史上堪称奇迹，一直沿用了二千多年，发挥着巨大的排灌作用，确保了当地农业生产。**

## 为除水患　四处考察

李冰的身世、乡里、生卒年代和当时修建都江堰的情况都已经不可详考。只知道大约在公元前256年，秦昭襄王任命通晓天文地理的李冰为蜀郡守，让他去治理水患频发的西蜀。

李冰一到蜀郡，就不辞劳苦地沿岷江岸进行实地考察，了解水情、地势等情况，四处调查灾害发生的原因。他发现：发源于成都平原北部岷山的岷江，沿江两岸山高谷深，水流湍急；到了灌县附近，岷江则逐渐开阔，进入一马平川的水道，这时，由上游积累而下的江水声势浩大，一泻千里，经常冲垮堤岸，造成洪涝灾害；与此同时，从上游挟带来的大量泥沙也容易淤积在这里，抬高河床，加剧水患；特别是在灌县城西南面，有一座玉垒山，阻碍江水东流，每年夏秋洪水季节，常造成东旱西涝。到任不久，他便开始着手进行大规模的治水工作。

## 总结经验　开凿“宝瓶口”

李冰总结前人治水的经验，在实地考察的基础上，提出“分洪以减灾，引水以灌田”的治水方针，决定在岷江上修建一座防洪、灌溉、航运兼用的大型综合水利工程——都江堰。按照方案，首先要打通玉垒山，使岷江水能够畅通流向东边。于是，李冰组织了上万名民夫，打响了开凿玉垒山的战斗。

开始，由于施工没有经验，再加上玉垒山山石坚硬，工程进度极其缓慢。于是，李冰发动民夫出主意、想办法，集中众人的智慧。有一个很有经验的老民夫建议：应当在岩石上开一些沟槽，然后在沟槽上放上柴

李冰石像

草，点火燃烧，岩石在柴草的燃烧下就会爆裂。李冰采纳了这一建议，实践证明非常有效，工程进度大大加快。

经过一段时间的共同努力，玉垒山终于被凿开了一个20米宽的口子，这就是都江堰非常有名的“宝瓶口”。奔流不息的岷江水通过宝瓶口源源不断地流向东部旱区。

都江堰宝瓶口

## 建堰分流　消除水患

为了使岷江水能够顺利东流，并充分发挥宝瓶口的分洪和灌溉作用，李冰决定在岷江中构筑分水堰，将江水分为两支：一支顺江而下，另一支流入宝瓶口。

李冰主持修建了中国早期的灌溉工程都江堰。图为都江堰全貌。

李冰在构筑分水堰时，开始采用往江心抛石的办法，结果抛下去的石头经不住洪水的冲击，不断地被洪水冲走。李冰再次陷入困境。但他并没有灰心，而是积极寻找办法。他想到了岷山一带盛产竹子，从当地人用竹子编竹笼中受到了启发。李冰请来许多竹工，让他们编成长10米、宽0.67米的大竹笼，再在竹笼里装满鹅卵石，然后让民夫将沉重的大竹笼一个一个地沉入江底。结果，大竹笼在急流的水中安然不动，稳稳地固定在那里。就这样，分水大堤终于建成了。大堤前端的形状好像一条鱼的头部，所以被称为“鱼嘴”。鱼嘴将上游奔流的江水一分为二：西边称为外江，江水沿岷江河面顺流而下；东边称为内江，江水流入宝瓶口。

后来，为了进一步控制流入宝瓶口的水量，在鱼嘴分水堤的尾部，李冰又派人修建了分洪用的平水槽和“飞沙堰”溢洪道。飞沙堰也用竹笼装卵石堆筑，堰顶做到适宜的高度。当内江水位过高的时候，洪水就经由平水槽漫过飞沙堰流入外江，以保障内江灌区免遭水淹。同时，由于漫过飞沙堰流入外江的水流的漩涡作用，有效地避免了泥沙在宝瓶口前后的沉积。至此，都江堰工程基本完成。

李冰修建的都江堰沿用了两千多年，一直发挥着防洪、灌溉、航运等多种功效，成为我国历史上的一项奇迹。

李冰父子雕像

**人物档案**

姓　名：蔡伦

生卒年：？～121年

出生地：桂阳（今湖南郴州市）

身　份：东汉造纸术发明家

*蔡伦*

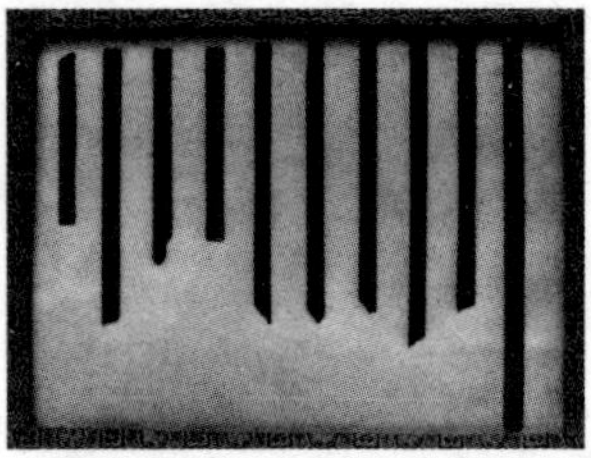

竹、木简册是中国最古老的书籍形式，起源于商代。

# 福荫子孙的造纸鼻祖

# 蔡伦

Cai Lun

**在人类文明史上，纸张的出现无疑意味着一个划时代发明的诞生，文化传播从此变得更加便捷，而这个伟大成果的发明者，就是生活于东汉时期的蔡伦。**

## 入宫为宦

蔡伦出生在农家，从小家里十分贫穷，长大后，迫于生计，到宫里做了太监。入宫后，蔡伦从最底层的小黄门做起，天天侍候皇帝和皇室成员，忍受大太监的责骂。蔡伦小心谨慎地效劳，不敢有半点马虎，渐渐得到了皇帝的信任，一步步高升到龙亭侯。

公元97年，蔡伦被任命为兼职“尚方令”。“尚方”是重要部门，负责管理皇室金库和宫廷内部事务，专门为皇室制造御用器物，拥有显赫权势、雄厚财力和全国选拔来的优秀工匠。蔡伦受命为“尚方”的主管后，负责监制御用器械和宝剑等。任职期间，蔡伦在工艺技术及对此类事物管理上的才华逐渐显露出来。在他的督导下，“尚方”制出的产品工艺精湛，成为后世效仿的典范。

## 改革造纸术

东汉时，人们写字很不方便，竹简和木简太笨重，

蔡伦造纸图

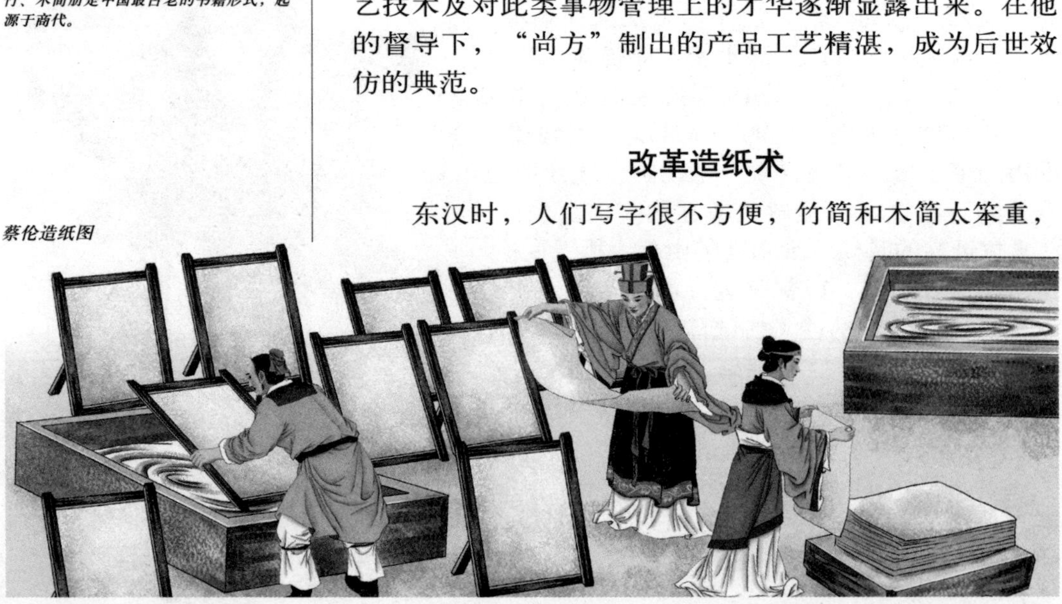

丝帛太贵，絮纸难以大量生产。蔡伦本人爱好读书，深知缺纸的弊端，于是研究起造纸工艺的改进方法。当时，在他手下集中了一大批能工巧匠，其中有些人懂得一些造纸技术，蔡伦便不厌其烦地向他们讨教，并认真总结了西汉以来人们的造纸经验。

当时，人们制作丝绵时，先把蚕茧煮过，然后放到水里，用木棒把蚕茧打烂，在竹席上冲洗，就制成了丝绵。当人们把丝绵从席子上揭下来后，发现席子上还粘着一层薄薄的纤维，剥下来晒干后就成为丝绵片。一些爱动脑筋的人把丝绵片压磨后用来写字，絮纸就这样产生了。絮纸的造法虽然比较简单，但对原料的处理工艺包括了分离、捶捣、交织、干燥四道主要工序，与现代造纸工艺过程非常接近。经过长期学习和不断的试验，蔡伦开始对造纸的原料和造纸工艺进行改革。

造纸鼻祖——蔡伦

首先，蔡伦扩展了造纸原料的品种和来源。他把树皮、麻头、破布和旧渔网等物都充分利用起来，作为造纸的原料，这比起原来只用麻造纸的情形，既扩大了原料的来源，又降低了纸的成本。尤其是用树皮做造纸原料，可算是开了用木浆造纸的先河，为造纸业的发展做出了开拓性的贡献。

其次，蔡伦还对造纸的工艺流程进行了改革。西汉时期最初用麻造纸，造纸时先将麻料切断、沤煮、舂捣，制成纸浆，然后把纸浆均匀铺开，使单根的麻纤维纵横错落，交织成纸张。但这种纸非常粗糙，不便于书写。蔡伦在传统的造纸工艺流程的基础上，增加了以石灰为原料进行碱液蒸煮的工序，使植物纤维分解速度加快，分解后的纤维分布得更加均匀细致。纸张的质量大大提高了，书写起来非常方便。

**蔡伦铜像**

*蔡伦不仅被中国的造纸工人奉为造纸鼻祖，还在日本等国被尊为祖师，历代祭祀。中国大部分的产纸地区都有为纪念蔡伦而建造的庙宇，每年的阴历三月初六是蔡伦的祭祀纪念日，元朝政府曾经在他的家乡桂阳重修蔡伦庙。*

公元105年，蔡伦把自己造出的纸呈献给汉和帝，汉和帝很赞许他的才能，下令推广他的造纸法。自从蔡伦发明纸后，纸渐渐深入到社会生活的各个领域。纸作为一种新的信息载体在中国率先出现，使中国汉代的文明迅速超过了以往任何一个朝代，对于文化的保存、交流和发展做出了巨大贡献。

蔡伦发明的先进造纸术在世界上也是居于首创地位的，此后一千多年间，这一造纸术传遍了世界五大洲，大大促进了世界各地科学文化的传播和交流，深刻地影响着世界历史的进程。

**人物档案**

姓　名：张衡
生卒年：78年～139年
出生地：南阳西鄂（今河南南阳市石桥镇）
身　份：东汉科学家、文学家

张衡像

# 令人敬仰的东汉全才

# 张衡

Zhang Heng

**张衡的成就极为广泛，涉及天文、历法、文学、地理等诸多方面，而且在每一领域中，他都有着广博而精深的造诣，这使他在中国科技史、文学史上都占有重要地位。**

## 访师求学

东汉章帝建初三年（公元78年），张衡出生在山清水秀的石桥镇（现河南省南阳市北）。由于父亲的早逝，家里生活相当清苦。贫困的生活不仅没有影响到张衡的求知欲望，反而更加激发他刻苦忘我的学习精神。他熟读儒家经典，但却不受经书思想的束缚。

浑天仪

少年时代的张衡对文学尤其喜爱，他花了很多工夫去研究司马相如、扬雄等人的作品，甚至能够背诵。这些作品强烈地震撼着张衡年轻的心灵，他希望自己将来也能成为他们那样的文学家。

候风地动仪

该地动仪用精铜铸成，直径八尺。外部附有八条龙，每一条龙的口中都衔有一颗铜丸，在底座周围则有八只张着口的蟾蜍和龙头相对，以便随时承接从龙口中落下的铜丸。

张衡17岁时，就已写得一手好文章，在当地有一定的名望。有一次，一位地方官员推荐张衡做官，张衡心想："我绝不能成天待在家乡读那些古文经传，更不能去追求做官发财的门道，我要历尽千辛万苦到实践中去探求科学真理。"于是，他决定离乡游学，以增长知识，而不去谋求官职。他收拾好行装，离开家乡，踏上了游览名都大城、访师求学、探索科学真理的征途。

公元94年，张衡首先来到关中西京（长安），大约用了一年多的时间，进行实地考察。他往来于渭河流域，走遍了坦荡肥沃的渭河平原，观赏了巍峨青翠的终南山、奇险峻峭的华山，并且访民俗，问物产，寻古迹，对西汉雄伟壮丽的都城建筑、市井布局都做了细致的考察。通过这次游览，他不但加深了对前人文学作品的体会，而且积累了大量的文学素材，为他后来写成著名的《西京赋》奠定了坚实的基础。

公元95年，18岁的张衡来到了喧闹的洛阳城，结识了当地的许多著名学者和优秀青年，如经学大师马融，政论家王符，精通天文、历法、数学的崔瑗等。后来，张衡在崔瑗的影响下，也进一步研究天文、物理等科学。这一时期的活动与张衡日后研究天文、数学并获得巨大的成就，是有一定关系的。

*记里鼓车模型*

*这是后人根据张衡发明的记里鼓车制造出的模型。张衡发明的记里鼓车是一种枢机车辆，能用以计量土地的尺寸。*

## 硕果累累

张衡在理论和实践都达到了当时最高成就时，又开始观察天象，摸索日月星辰运行的规律。他用了七八年的时间，经过无数次的研究、观察、测验，在前人发明的基础上，于公元117年设计制造了漏水转浑天仪，并把自己研究的成果写成一本书，叫做《灵宪》。浑天仪的发明及《灵宪》的著述对张衡以后天文学的研究产生了很大的启发，也为他日后发明地动仪打下了良好的基础。

*华山*

*华山有“奇险天下第一山”之称，张衡曾登上华山进行考察。*

东汉时期，中国发生地震的次数是比较多的，为了测定地震方位，及时地挽救人民的生命和财产，公元126年，张衡在第二次担任太史令之后，就注意收集地震的情报和记录，经过多年的潜心研究，他终于在公元132年发明了世界上第一台测定地震方位的科学仪器——候风地动仪。该地动仪是用青铜铸成的，利用它不但可以知道有没有发生地震，而且可以测出地震的方向。人们通过对所发生的地震事实加以验证，发现地动仪所指出的地震方向和地震实际发生的方向几乎一点不差。

*张衡一生成就颇丰，地动仪只是其诸多发明成果中的一项。*

此外，张衡在千百万劳动者生产实践总结的基础上，刻苦钻研，择其精华，加以发扬和改造，创造出了指南车、记里鼓车和独飞木雕等器物，而且他还第一次正确解释了月食的成因。张衡在科学技术、文学艺术等方面都做出了非常杰出的贡献，这在历史上是比较罕见的。

**人物档案**

姓　名：华佗

生卒年：约145年～约208年

出生地：豫州沛国谯县（今安徽亳州市）

身　份：东汉医学家

华佗

# 妙手回春的神医
# 华佗
Hua Tuo

华佗是东汉时期的名医，在内、外、妇、儿各科的临床诊治中，创造了许多医学奇迹。后世每以“华佗再世”称誉名医，足见其影响之深远。

## 刻苦钻研　对症下药

华佗从小就开始刻苦钻研学问，精通各种经书，尤其喜爱研究医学和养生的方法。后来他去徐州（州治在今山东郯城西南）游学，拜名医为师，再加上自己不断的努力，终于掌握了渊博的医学知识。

华佗一生游历了不少地方，到处采集草药并且向老百姓请教。他不仅能把在实践中所获得的丰富知识加以总结和提高，并且能根据病人的特殊情况而决定医治方法和用药的分量，取得了很好的疗效。据说，有两人都头痛发热，一个叫倪寻，一个叫李延，他们一同来请华佗治病。华佗仔细诊察了他们的病情以后，给倪寻吃泻药，而给李延吃发散的药。当时有人问华佗：“他们两人患了同样的病，你为什么给他们服不同的药？”华佗就告诉这个人，倪寻是伤食，而李延是外感，症状虽然相同但病源不同，所以给他们吃的药也就不同。倪寻和李延在服药后的第二天全都痊愈了。就这样，华佗经过不断的临床实践和理论钻研，对内科、外科、妇科、小儿科和针灸科等方面的医术样样精通。

传闻华佗有妙手回春之术。

## 华佗学艺

华佗医术高妙，名扬四海，但他仍能悉心学艺。一次，他发现一个自己无法治愈的病人被另一位老中医治好了，就决定隐瞒身份，到那位老中医门下拜师学艺。

华佗投到老中医门下，虚心学习三年之久。一天，老中医外出，留下华佗在屋中拣药。这时，来了一个大肚子的病人，华佗诊断后，便开了二两砒霜，让他分两次吃。病人拿到药后大吃一惊，心生疑惑。病人出门时刚好碰到老中医回来了，就向老中医询问。老中医笑道："这个药方没错，你放心服用，包你药到病除。"

病人走后，老中医却越想越疑惑：我的这个徒弟怎能开出这种治疑难病症的药方呢？除我之外，这世上能开出这个方子的人只有……莫非他就是华佗！在老中医的再三询问下，华佗只好拜倒在地，公开身份。老中医忙将他扶起，赞道："你已经是名医了，还能到这穷乡僻壤辛苦学艺，真不容易啊！"此后，老中医便把自己所知的医术都传给了华佗。

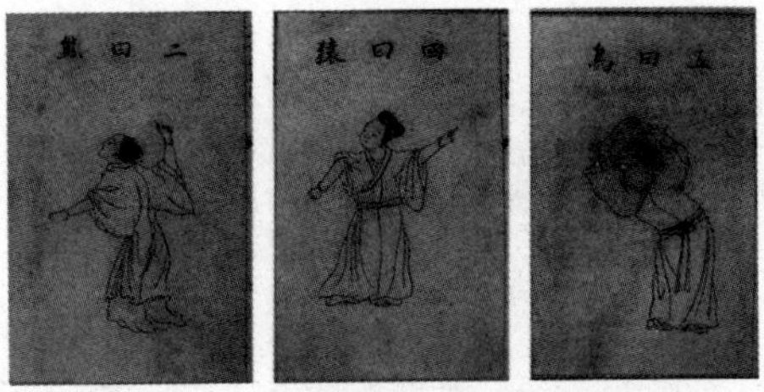

五禽戏之熊、猿、鸟戏

华佗总结前人的理论和经验，模仿虎、鹿、熊、猿、鸟这五种禽兽的动作姿态，创编出名为"五禽戏"的保健体操。"五禽戏"是一套使全身肌肉和关节都能得到舒展的医疗体操。动作是模仿虎的扑动前肢、鹿的伸转头颈、熊的伏倒站起、猿的脚尖纵跳、鸟的展翅飞翔等。

## 研制麻沸散

三国鼎立时，战争频繁，士兵和老百姓中受伤生病的人很多。华佗是当时最有名的医生，很多伤病员都请他治疗。由于那时没有麻醉药，每当做手术时，伤病员都要忍受极大的痛苦。

有一天，华佗碰到一个奇怪的病人：病者牙关紧闭，口吐白沫，双手攥拳，躺在地上不能动弹。华佗上前察看他的神态，号他的脉搏，摸他的额头，一切都正常。患者的家人说，他身体非常健壮，什么疾病都没有，就是今天误吃了几朵臭麻子花（又名洋金花）才得了这种病的。华佗听了，连忙让人找了一些臭麻子花。华佗看了看，又摘了朵花放在嘴里尝了尝，顿时觉得头晕目眩，满嘴发麻。从那天起，华佗开始对臭麻子进行试验。他先尝叶，后尝花，然后再尝果和根。实验结果表明，臭麻子果的麻醉效果最好。华佗又到处走访了许多医生，收集了一些有麻醉作用的药物，经过多次不同配方的炮制，终于把麻醉药试制成功。他又把麻醉药和热酒配制在一起使用，麻醉效果更好，故给这药取名为麻沸散。

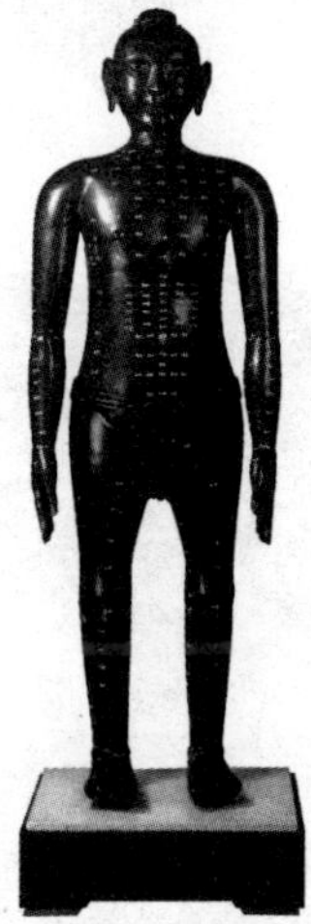

针灸铜人

这个铜人是我国历代的中医在临床实践的基础上，制造出来供后人学习针灸治疗的医学用具。

麻沸散的发明为人类战胜疾病痛苦提供了新的手段，同时也为医学发展开拓了新的领域。华佗曾利用麻沸散，为一位病人进行了历史上第一例有记载的腹部手术，为此他被后世尊称为外科的祖师。

华佗行医图

**人物档案**

姓　名：张机（字仲景）
生卒年：约150年～219年
出生地：南阳郡涅阳县（今河南南阳市）
身　份：东汉医学家

张仲景

北宋李唐《灸艾图》
这幅图描绘了古人用艾绒熏烤穴位时的场景。

张仲景在南阳、洛阳、修武等地行医，因医术高超，被人誉为“经方大师”。

# 救世济民的医圣
# 张仲景
Zhang Zhongjing

在中国四大医学经典中，《伤寒论》和《金匮要略》同出自张仲景的《伤寒杂病论》，由此可见其著作地位之重。张仲景被后世尊为“医圣”，确实是不虚其名。

## 拜师学医　孜孜不倦

张仲景出身于南阳的一个地主家庭，从小有较优裕的生活和学习条件。少年时代的张仲景孜孜不倦地学习，博览群书，吸纳着科学知识。一天，张仲景读书的时候读到名医扁鹊给蔡桓公三次看病的故事，深受触动，对扁鹊的医术赞叹不已，由此对医学产生了浓厚的兴趣。东汉末年，瘟疫肆虐，张仲景目击惨状，开始发愤研究医学，立志要成为一名能解救人民疾苦的医生。

当时，南阳郡有一位老中医名叫张伯祖，其医术十分精湛，临床经验非常丰富。张仲景便拜他为师，学习医术。张仲景在老师的指导下，凭着自己的天赋和勤奋，凭着对医学的执著探求精神和敏锐的感受，博采众长，深入实践，辨证施治，获得了日益精深的知识，终于成为一代名医。

## 悬壶济世　妙手回春

张仲景长年奔波于患者之间，为百姓治病，积累了丰富的临床经验。他在京师的时候，已是很有名望的医生，来求诊的病人很多，有时应接不暇。

张仲景在看病的时候，总是先仔细观望病人气色，察听病人发出的各种声音，询问病人的感受，再结合切脉，对病情进行综合分析，然后做出诊断。后来他曾到洛阳、修武等地行医。他善于运用“经方”给人治病，在群众中很有名望，有“经方大师”之称。

张仲景在修武县行医时，结识了20多岁的青年文学家王粲。有一次，张仲景见到王粲，看他的气色不好，就对他说：“你的身体已经有病了，应该及早治疗，马上服用五石汤，或许可以除掉病根。不然的话，40岁左右，眉毛就要脱落，那时不仅不容易医治，而且会有生命危险。”王粲听了，认为张仲景是在炫耀自己的医术，不以为然。过了一段时间，张仲景又见到王粲，问他吃药了没有。王粲有点不耐烦，就信口回答：“已经吃过了。”张仲景听了摇摇头说：“看你的气色，不像吃过药的样子。你为什么这样讳疾忌医，轻视自己的生命呢?”可是王粲仍不在乎，他自以为身体健康，始终不相信张仲景的话。王粲到了40岁那年，果然眉毛脱落，半年后就死了。

*汉代医生在熏香治疗时使用的熏香器具——博山炉*

## 著书立说　培育人才

张仲景不仅吸纳继承前人的医学成就，而且重视临床经验的积累。他反对当时某些医生故步自封的态度。这些医生各承一家之技，抱残守缺，不求医理，墨守成规。张仲景一方面“勤求古训”，认真钻研《素问》《九卷》《八十一难》《阴阳大论》《胎胪药录》等医学著作，一方面广泛搜集整理民间流传的经验方药，参考各家医方，在临床实践中加以运用和检验。

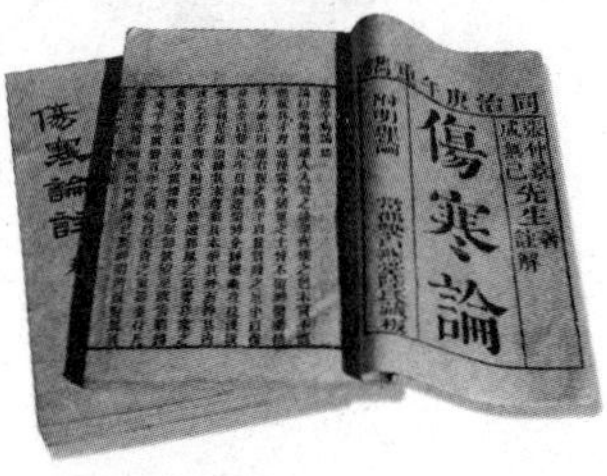


*《伤寒论》书影*

*《伤寒杂病论》问世后，经数代医家整理，最终分为《伤寒论》和《金匮要略》两部经典。*

经过几十年艰苦劳动，他终于在晚年完成了《伤寒杂病论》这一医学巨著。《伤寒杂病论》是人类医药史上第一部“理、法、方、药”完备的医学典籍，第一次系统完整地阐述了流行病和各种内科杂症的病因、病理以及治疗原则和治疗方法，奠定了中医治疗学的基础，并为后世临床医学的发展奠定了坚实的理论基础。

除此之外，张仲景还培养了诸多弟子，其中卫凡、杜度等人受张仲景影响颇深，对医术精益求精，继承了师傅的医学事业，成了名医。张仲景还首创了人工呼吸法和灌肠法，比西方医学早出千年以上。他所记载的各类药剂类型十多种，都为后世医家效法继承，并广泛应用于现代临床医药学。

在中国，自东汉以后，无论有多少医学流派产生，张仲景都是唯一的“宗师”。他的治疗原则和医疗方法被奉为经典，指导着中医学的发展进步。唐宋以来，张仲景更被尊奉为“万世医宗”，受到了中国人民的最高推崇。

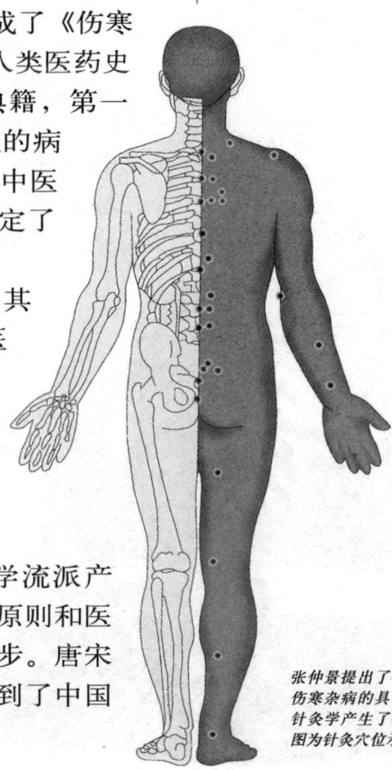

张仲景提出了很多用针灸治疗伤寒杂病的具体方法，对后世针灸学产生了深远的影响。此图为针灸穴位示意图。

**人物档案**

姓　名：祖冲之
生卒年：429年～500年
出生地：范阳道县（今河北涞水县）
身　份：南朝科学家

*祖冲之*

# 推陈出新的科学巨匠
# 祖冲之
Zu Chongzhi

**早在欧洲科学家将圆周率的精确值计算到小数点后七位的一千多年前，我国南北朝时期的祖冲之就得出了圆周率在3.1415926到3.1415927之间的结论，为后人称道不已。**

## 兴趣广泛　学习刻苦

祖冲之出身于一个书香门第。他的曾祖父担任侍中的官职，在业余时间进行文学创作，所写小说《述异记》在东晋时期相当有名。他的祖父祖昌是南朝的大匠卿，对建筑很在行。他的父亲祖朔之也是一个很有学问的人，年老辞官后还被皇帝任命为“奉朝请”，即随时可以去为皇帝出主意。祖冲之生活在这样的家庭环境中，从小耳濡目染，对科学技术产生了浓厚的兴趣。少年时期，祖冲之就读于“国子学”。“国子学”教育正规，老师水平高，藏书也较多。祖冲之除了老师教的功课门门达到优秀以外，课余时间，他还像海绵一样，在书的海洋里尽情地吮吸着知识的水分。除了对天文学感兴趣之外，他还大量地阅读了数学、机械、文学以及音乐等方面的书籍，知识面很广。

*黄杨木雕刻的祖冲之像*

## 青年成才　计算圆周率

由于少年时期的努力，早在青年时期，祖冲之就有了博学多才的名声，很快他被派到一个研学之所——华林学省去做研究工作。在华林学省里，祖冲之又苦读了七八年，涉猎了多种学科的知识，从天文到地理，从数学到文学……只要有兴趣的，他都要研究一番。他坚信，学科之间是能融会贯通的，并不是隔行如隔山。

经过华林学省里的几年学习，祖冲之的学识、能力都达到了一个更高的层次。正当他跃跃欲试，想大干一番的时候，一纸调令迫使他离开了华林学省。脱离了科研环境，整天事务缠身，这对祖冲之来说，是一件痛苦的事。但是祖冲之在这一段生活很不安定的时期内，仍然继续坚持学术研究。

祖冲之擅长下围棋。

祖冲之研究学术的态度非常严谨，一方面，他对于古代科学家刘歆、张衡、阚泽、刘徽、刘洪等人的著述都作了深入的研究，充分吸取其中一切有用的东西。另一方面，他又敢于大胆怀疑前人在科学研究方面总结出的结论，并通过实际观察和研究，加以修正补充，从而取得许多极有价值的科学成果。在天文历法方面，他所编制的《大明历》是当时最精密的历法。在数学方面，他推算出精确到小数点后七位的圆周率，成为当时世界上最早推出此结果的科学家。

南朝宋末年，祖冲之回到建康（今南京），担任谒者仆射之职。从那时起，直到南朝齐初年，他花了较大的精力来研究机械制造，重造指南车，发明千里船、水碓磨等，做出了出色的科技贡献。

## 改革历法　坚持真理

南朝宋大明六年（462年），祖冲之把精心编成的《大明历》送给朝廷，请求公布实行。宋孝武帝命令懂得历法的官员对这部历法的优劣进行讨论。在讨论过程中，祖冲之遭到了以戴法兴为代表的守旧势力的反对。祖冲之为了坚持自己的正确主张，理直气壮地同戴法兴展开了一场激烈的辩论。

在祖冲之理直气壮的驳斥下，戴法兴无言可辩，就蛮不讲理地说："新历法再好也不能用。"祖冲之并没有被戴法兴这种蛮横态度吓倒，仍坚决地表示："绝不应该盲目迷信古人，既然发现了旧历法的缺点，又确定了新历法有许多优点，就应当改用新的。"最终，宋孝武帝同意采用祖冲之编著的《大明历》。

祖冲之不仅在天文历法学上有着卓越成就，在数学乃至音律、儒学方面也有很大的成就，其中有些成果，如计算圆周率到小数点后七位，领先于世界其他国家上千年之久，对后世产生了深远的影响。

正在计算圆周率的祖冲之
祖冲之对圆周率的精确计算在当时世界范围内是最领先的。他把一丈化为一亿忽（丈、忽均为古时计量单位），以此为直径计算圆周率，求得盈数（即过剩的近似值）为3.1415927，朒数（即不足的近似值）为3.1415926，圆周率的真值介于盈朒两数之间。

**人物档案**

姓　名：郦道元
生卒年：约470年～527年
出生地：范阳涿县（今河北涿州市）
身　份：北魏地理学家、散文家

郦道元

# 中国最早的地理学家
# 郦道元
Li Daoyuan

郦道元从小好学博览，知识渊博，他以优美文笔著成的《水经注》，被誉为6世纪前中国最全面、最系统的综合性地理名著。

## 生在乱世　渴望统一

郦道元生活在魏晋南北朝时期，这个时期是我国历史上国家分裂、政治动荡的时期，同时也是民族融合、文化交流频繁的时期。这一时期上承秦汉、下启隋唐，对我国统一多民族国家的发展壮大有着深远影响。

郦道元出身于一个世代为官的家族，这种家庭环境使他从小就开始接受儒家的正统教育。儒家思想是希望国家统一和长治久安，所以郦道元的思想也是以此为基准的。长期的国家分裂，使他希望国家重新统一的愿望更加强烈。

黄河是中国第一大河，曾因各种原因多次改道。《水经注》对此都有详细记载。

郦道元的青年时代正是北魏政权励精图治、国势蒸蒸日上之时，而南朝朝政却极其腐败，毫无生气。此时，郦道元的家族又受到北魏拓跋氏的重用，而且北魏正在进行“取夏变夷”的改革，郦道元由此产生了由北魏统一中国的思想。

郦道元入仕不久就成为孝文帝北巡的随员之一，他的才干已得到朝廷的赏识。孝文帝的改革，使郦道元坚信长期分裂局面将会在孝文帝的统治下结束，秦汉大统一的国家又将出现。然而，孝文帝英年早逝，北魏国势从此江河日下。郦道元看到统一无望，于是开始潜心于《水经注》的撰写，通过写作寄托对祖国山河的热爱和对统一祖国的渴望。

南朝灰陶牛车

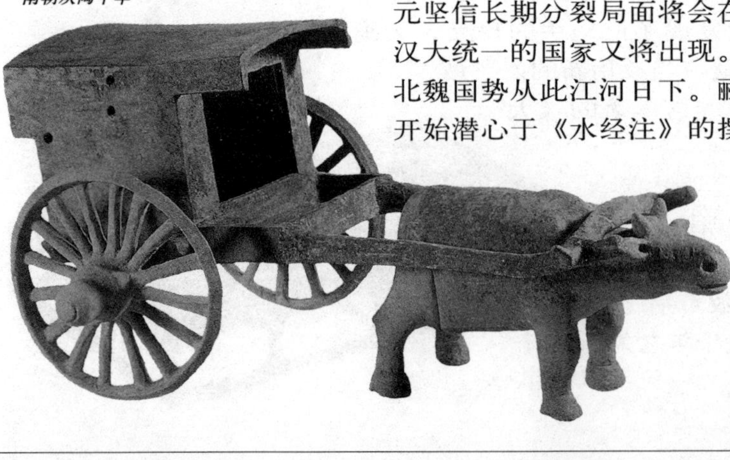

## 编著《水经注》

《水经》是三国时魏国人的作品，对郦道元

来说，它算不得什么罕见的古籍。郦道元选择为《水经》作注，主要是考虑到《水经》的涉及范围很广（当然还有地理学原因），正好可以借为它作注的机会歌颂祖国的大好河山，可以更好地表达自己的爱国主义思想。

在现代化的今天，我们查某种资料可以去图书馆，还可利用许多现代化手段，而在郦道元所处的那个年代，国家的图书馆只对高官和史官开放，而且管理很严。郦道元到皇家图书馆查书很不方便，因此他只有依靠家藏的图书，另外就是利用到各地任官的时机，搜集地方的图书。

为了撰写《水经注》，郦道元到底搜集了多少种资料现在已难以查清。各代学者经过统计得出，在《水经注》中列出书名引用的文献就有480种之多，所引用的碑铭也有近400种。

郦道元曾考察了众多水域。图为美丽的太湖。

郦道元的野外考察工作并不是随便浏览一下，而是与地图、文献对照，有时还与当地人民交谈，形成一套完整、科学的野外考察方法。郦道元通过亲身考察，纠正了许多古代地理书的错误。比如对于泗水的源头，各种文献中的记载都不相同，郦道元就亲自去考察，结果发现各种文献的说法都是错误的。

在《水经注》所引文献中所占比例最大的首推地理类文献，郦道元对这方面文献的搜集付出了极大的心血。从根本上说，《水经注》是一部地理书，那么它的资料来源就要求具有科学性和真实性，要严谨可靠，这种要求在那个时代是不容易达到的。

我们知道，唐代才出现雕版印刷，在这以前一切文献资料的取得只有通过抄书这一个途径。在今天看来，这是不可想象的，而在科学技术不发达的古代这是唯一可行的办法。郦道元如果没有坚定的信念去搜求文献进行抄写保存，那么《水经注》是不可能写出来的。

郦道元在历尽千辛万苦的实践工作后，终于完成了这部《水经注》。《水经注》内容丰富，包罗万象，是郦道元留给后世的宝贵财富，对后人研究中国古代民族、宗教、金石、艺术有着特殊的贡献。

《水经注》书影

《水经注》是对《水经》的注释和丰富，全书记述了一千二百五十二条河流，比原著增加了近千条，文字量增加二十多倍。它是郦道元终其一生心血撰写而成的地理学巨著，内容丰富，包罗万象，对地理、历史、地名、语言文学、考古、古文献等学科均有重要意义。

**人物档案**

姓　名：毕昇

生卒年：990年～1052年

出生地：蕲州蕲水县直河乡（今湖北英山县草盘地镇）

身　份：宋代发明家

# 推动文明发展的发明家
# 毕昇

Bi Sheng

**毕昇发明了伟大的活字印刷术，为人类文明的发展和传播做出了杰出贡献，再次证明了我国劳动人民的聪明才智和创造精神。**

## 勤学好问的印刷工匠

毕昇从十几岁开始，就进了杭州一家私人书坊当学徒。这家书坊是当时杭州的一个书商设立的刻书机构。毕昇进入书坊后，勤学好问，对雕版印刷的每个环节都不放过。通过努力的学习，他逐渐熟悉了雕版印刷的各个程序，对刻工、印工的技术都掌握得十分娴熟。几年以后，毕昇终于成为一名熟练的书坊印刷工匠。

## 发明活字印刷术

毕昇在工作的过程中，渐渐地认识到雕版印刷有很多弊病。如雕刻书版不仅耗时较长，而且雕刻过程中若刻错一个字，就得从头再刻。这样印出来的书成本较高，书价自然就很昂贵，这使好些人想看书却又买不起书。

有一天，毕昇在书坊里工作了整整一天，眼看一整块书版就要刻成了，可一不留心，刻坏了一个字。他考虑着一个补救的办法：能不能刻一个字补上去呢？毕昇抱着试一试的心理，先把刻坏的字用刀削去，在这块地方挖出一个浅浅的小方孔，再做成一个与小方孔大小吻合的小木片，上面刻好需要的那个字，然后用胶粘在小方孔里。

这件事对毕昇的启发很大，大约是在1041年，毕昇开始着手制造单个的活字，这项工作整整花费了毕昇八九年的时间。因为制造活字是一项“前无古人”的工作，没有现成的办法可以借鉴或参考，可以说是困难重重。毕昇不怕困难，开动脑筋，认真

*泥活字版示意模型*

*泥活字印刷术是北宋毕昇发明的。排版时先准备两块带框的铁板，在其中一块铁板内铺一层松脂、蜡等物质的混合物；再将泥活字依据需要排在一块板上，用火烤板底，混合物遇热熔化；最后取另一铁板将字压平，待混合剂凝固，就可印刷了。*

琢磨。开始试验时，毕昇选用木材来作为制造活字的材料，费了很大的劲，总算做成了一个又一个的木活字，接着他把这些活字都拼在一块铁板上面，再用一个铁框把它们都圈在里面，可是这些木活字在铁板上稍稍一动，就变得歪七扭八了，根本无法上墨印刷。

毕昇塑像

毕昇左思右想，忽然想到，松脂和蜡的黏性很大。于是，他找来一些松脂和蜡，先在火上加热熔化，然后倒在铁板上。这一下，木活字终于被牢牢地固定在铁板上，再也不会扭来扭去了，可以加墨印刷了。可一上墨问题又出来了。这些小木块的纹理疏密不匀，伸缩性很大，一沾上墨水后，就膨胀变形了，印板上的字面变得高高低低的，一点儿都不平整。印出来的字模糊不清，效果差极了。而且毕昇花了很多工夫刻成的那些小木块活字，也不能留着下次再使用了。

这次失败并未使毕昇灰心，他又接连试验了好几种材料。有一天，毕昇看着家里盛水的陶罐，那上边的一些花纹引起他的注意，忽然他恍然大悟：采用制陶罐的技术就可造出既能刻字又不吸水的活字。于是，毕昇专程到了杭州城外的一家窑场，虚心地向窑工们请教。他学到这套技术后，便开始尝试制造泥活字。

毕昇先把胶泥和拌均匀，制成一个个大小一致的方形泥坯，然后在每个小泥坯上工工整整地刻好文字。刻好后的泥坯再放到火中去烧硬。这一次，毕昇终于成功地制造出了字画清楚、不吸水、坚如牛角、乌黑发亮的胶泥活字。据说，毕昇用泥活字版印出来的书，“墨若漆光”，非常漂亮。

毕昇创造发明的胶泥活字，是我国印刷术发展中的一个根本性改革，也对中国和世界各国文化交流的发展具有重要意义。毕昇的胶泥活字印刷术首先传到朝鲜，之后又传到了阿拉伯、越南、菲律宾、欧洲、非洲、美洲、澳洲等地，对于推动世界文明的发展起到了极大的作用。因此，我们可以说印刷术的发明也给人类文明的传播开辟了极其广阔的道路，这一印刷术传遍了全世界。

毕昇制造出胶泥活字，使印书周期大大缩短。

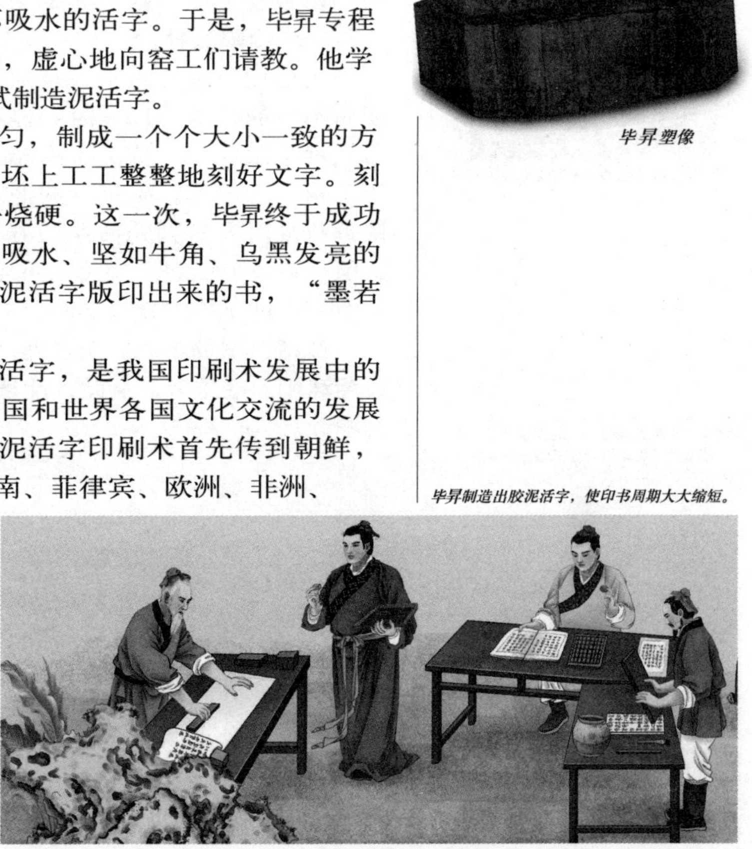

**人物档案**

姓　名：沈括
生卒年：1031年～1095年
出生地：浙江钱塘（今浙江杭州）
身　份：北宋科学家、政治家

# 百科全书式的科学家
# 沈括
Shen Kuo

沈括是北宋时期著名的科学家，他所撰写的《梦溪笔谈》是中国科学史上的一部伟大著作，他重视观察、实践的科学精神也为世人所称颂。

## 如饥似渴地学习

沈括的父亲沈周是一名进士。沈括的青少年时代就是在随父亲迁往各地为官的日子中度过的。沈括的父亲是位为官清正，同情下层人民的开明官吏，这为沈括思想的形成带来了许多积极的影响。沈括的母亲是位知识妇女，很有文化修养，在她的教导和培养下，沈括得到了良好的启蒙教育。

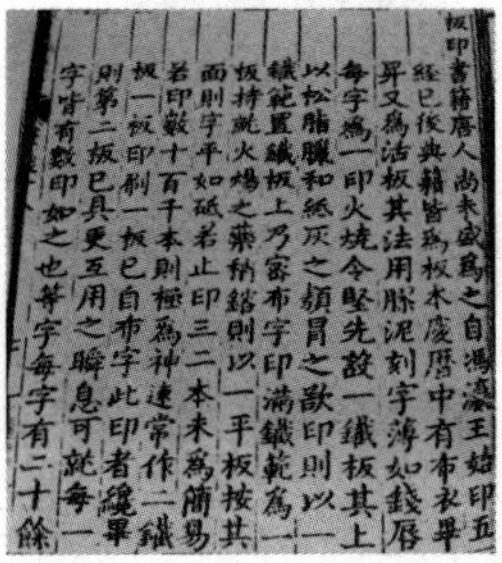
板印書籍唐人尚未盛爲之自馮瀛王始印五
經已後典籍皆爲板本慶曆中有布衣畢
昇又爲活板其法用膠泥刻字薄如錢唇
每字爲一印火燒令堅先設一鐵板其上
以松脂臘和紙灰之類冒之欲印則以一
鐵範置鐵板上乃密布字印滿鐵範爲一
板持就火煬之藥稍鎔則以一平板按其
面則字平如砥若止印三二本未爲簡易
若印數十百千本則極爲神速常作二鐵
板一板印刷一板已自布字此印者纔畢
則第二板已具更互用之瞬息可就每一
字皆有數印如之也等字每字有二十餘

*《梦溪笔谈》中记载着毕昇发明的活字印刷制作工艺。*

沈括12岁时开始正式拜师读书。他在学习上有一种锲而不舍的精神。15岁时，他不分昼夜地练习写小字，结果得了眼病。一位医术高超、医德良好的医生为他进行了精心的治疗，康复后的他对医学产生了兴趣，开始认真研究医术、到处搜寻药方，从此与医学结下了不解之缘。就这样，沈括在如饥似渴地吸收各方面知识的过程中，度过了他的青少年时代。

沈括21岁那年，父亲去世，守孝三年后，他被朝廷任命为沭阳县的主簿。从此，沈括开始了他近四十年的为官生涯。

*沈括晚年居住在江苏镇江，他在这里完成了不朽的著作《梦溪笔谈》。图为镇江市景。*

## 辉煌的科学成就

1063年，沈括考中了进士，被推荐到昭文阁编辑校对书籍，沈括对天文、历算的研究就是从这时开始的。此后，沈括的足迹遍及大半个中国，加上他勤奋好学，博闻强识，又善于观察思考，因此在科学领域里取得了多方面的成就。

沈括的数学成就在数学史上占有重要地位。他提出的隙积术是《九章算术》中“刍童术”的发展，构成了其后二三百年间关于垛积问题研究的开端。他的另一项数学成就是创立了会圆术。会圆术是在丈量田亩中提出来的。会圆术也成为后来天文计算中常用的重要公式。沈括还是中国第一个对弧、弦、矢之间关系加以考虑的科学家。

在物理学上，沈括研究过凹面镜成像的原理，他通过反复观察和实验，得出了较《墨经》等著作中更先进的结果。沈括还曾研究过指南针，并加以实验，发现磁针有指南、指北之分。沈括通过对某些声学现象的观察与研究，对声音的共振现象也有了更进一步的认识。沈括还对乐律、古琴的制作和传声，古乐钟的发声和共鸣等声学现象，提出了许多精辟的见解。

在地学领域里，沈括最早科学解释了华北平原的成因，又绘制了当时全国最好的地图《天下州县图》等。

沈括还通晓医术，在临床医学、基础医学、药物学等方面有不少重要成果，特别是对药物和药理有许多独到的见解。

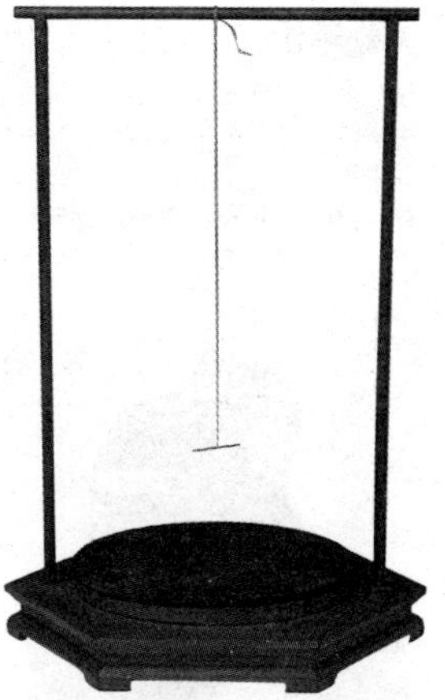

沈括测量地磁偏角的仪器的复原图

## 编著《梦溪笔谈》

晚年的沈括过着一种隐居的生活，他将自己平生的见闻和研究成果整理成一部学术著作，名叫《梦溪笔谈》。《梦溪笔谈》的内容非常丰富，除了自然科学和社会科学方面的知识以外，还有诗文掌故和奇说异闻。这部百科全书式的光辉著作，无论在中国还是在世界上都享有很高的声誉。其内容涉及物理、天文、数学、化学、生物、地质、地理、气象、医药、农学、工程技术、文学、史事、音乐、美术等多个方面。

沈括在书中首次指出了地磁场存在磁偏角；最早记载了一种简便的人工磁化法，即“以磁石磨针锋”造指南针；详细论述了指南针的4种装置方法；首创了分层堰法测量地形；最早提出沿用至今的“石油”这个科学的命名；提出了完全按节气来定一年日历的安排方案等。

沈括以琴演示声学上的共振现象。

**人物档案**

姓　名：郭守敬

生卒年：1231年～1316年

出生地：顺德邢台（今河北邢台市）

身　份：元代天文学家、水利学家、数学家

郭守敬

# 光耀千古的科技之星

# 郭守敬

Guo Shoujing

**郭守敬是我国元朝最著名的科学家。他从事科学技术事业六十多年，不仅在天文和水利工程领域成绩斐然，而且在地理、数学等方面也做出了卓著贡献。**

## 初露锋芒

少年时期，郭守敬就显露出非凡的科技才能。他十四五岁的时候，看到古书上的《尚书璇玑图》，十分感兴趣，就自己用竹篾做了一个窥天仪器，开始观测天象。十五六岁的时候，他曾得到一幅《莲花漏图》，在对图样进行了仔细的研究后，竟然很快就摸清了制作方法。制造这套器具的原理比较复杂，并非浅显易懂，所画的示意图构造也不简单。仅仅依据一幅图就想掌握莲花漏的制造方法和原理，对一般成年学者来说都不是件容易的事情，然而十几岁的郭守敬却把它弄得一清二楚，这足以证明他是一个天资聪慧、又能够刻苦钻研的少年。

郭守敬的家乡在邢台市，市北郊有一座石桥。金元战争的时候，这座桥被战火破坏，桥身陷在泥淖里，两岸百姓往来行走很不方便。日子一久，已经没有人能说得清桥的具体地点，更谈不上修桥重新通路了。郭守敬勘查了河道上下游的地形，估计出旧桥基的位置。根据他的指点，当地百姓居然一下子就挖出了久被埋没的桥基。这件事在乡里传为美谈。那一年，郭守敬刚刚20岁。

*南京紫金山天文台的简仪复原图*

*郭守敬经过刻苦钻研后，大胆革新，把前朝人所制造的浑天仪进行了改造，只保留了地平经纬仪、赤道经纬仪和日晷三个主要部件仪器。因其构造简单，所以叫做简仪。*

## 创制新历

1276年，元世祖迁都大都（今北京），并决定修订旧历，颁行元朝历法。主事官员王恂就请郭守敬一同参与此事。郭守敬检查了大都城里天文台的仪器装备后，发现它们都是金朝甚至北宋的遗物，不能使用，于是决定创制新器具。圭表在进行测量时非常重要，但旧的表影边缘不够清晰，测量影长的技术也不够精密。于是，郭守敬把圭表的表竿加高五倍，观测时的表影也加长了五倍。表影变长，按比例推算各个节气时刻的误差就可以大大减少。

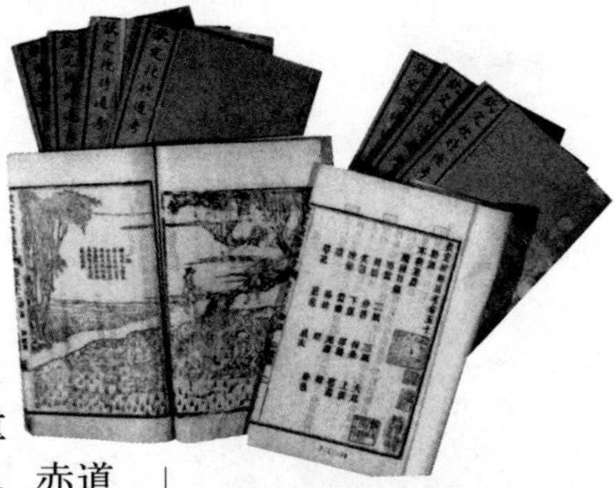

《授时历》书影

郭守敬等人编制的《授时历》，是中国历史上使用时间最长的一部历法，也是中国古代最精密的历法。它以365.2425天作为一个回归年，如果以小时计算，是365日5时49分12秒，比地球绕太阳公转一周的实际时间只差26秒，经过3320年后才相差一日，与目前国际通用的公历（格里历）完全相同。

改进了圭表之后，郭守敬开始动手改进浑天仪。经过刻苦钻研后，他大胆革新，把浑天仪中重重套装着的圆环省去一些，只保留了地平经纬仪、赤道经纬仪和日晷三个主要部件仪器。这样，浑天仪的基本结构改变了，比起原来的浑天仪，真是既实用又简单，所以被称为简仪。

郭守敬用他创造的简仪进行了许多精确的测量，其中最有意义的两项是：对赤道和黄道交角的测定；对二十八宿距度的测定。郭守敬测出地球赤道面和地球黄道面的交角不是古人认定的24°，而是23°90′。二十八宿的距度是指作为某一宿标志的距星和另一宿的距星之间的相距度数。郭守敬对此也做了精密的观测。郭守敬的这两项观测成果，对编订新历有重大的意义。此外，郭守敬所进行的其他天文测量，也为创制新历提供了精确的实测数据。王恂正是在这个基础上，制订出了新的《授时历》。

## 兴修水利

郭守敬回到上都之后，担任了工部郎中，负责水利建设。1292年8月的一天，在郭守敬的主持下，通惠河开河工程正式动工了。1293年秋天，这条从神山一直到通州高丽庄的运河工程全部竣工。运河通航之后，南北航运终于打通了，从南方来的船只可以一直驶入大都城，如今北京城里的积水潭就是那时的水路码头。该运河的开通不但解决了粮食运输的问题，还大大促进了南货北销。一时间，大都城内商船云集，热闹非凡，大都成为当时世界上最繁华的都市。元世祖看到积水潭内船舻蔽水的盛况，龙心大悦，亲自为运河命名为通惠河。通惠河的名字一直沿用至今。

元代《大运河图》

**人物档案**

姓　名：黄道婆

生卒年：约1245年～？

出生地：松江府乌泥泾镇(今上海徐汇东湾村)

身　份：元代棉纺织技术革新家

# 中国纺织技术革新的鼻祖
# 黄道婆
Huang Daopo

在中国民间，黄道婆有着“衣被天下”的美誉。她对棉纺织业进行的大胆革新，对当时及后世植棉和纺织技术的发展都起到了很大的推动作用。

## 逃难崖州　学习纺织

黄道婆出身于一个农民家庭，她的父母靠租佃地主的田地艰难地维持全家人的生活。幼年时的黄道婆白天跟父母在田里干活，晚上还要跟母亲学习纺纱织布。她12岁那年，由于生活所迫，被父母卖给有钱人家当童养媳。在婆家，她难以忍受公婆、丈夫的虐待，便逃出婆家，登上停靠在黄浦江边的一艘帆船，随船来到了海南岛南端的崖州。

生活在海南岛的黎族人民自古就用棉花自纺、自织、自染成各种服装。黄道婆到海南岛以后，与当地黎族人民一起日出而作，日落而息，在共同的劳动生活与交往中，努力学习和掌握当地先进的棉纺织技术。黎族同胞对这位流落他乡的异族同胞充满了同情，他们待黄道婆如同亲生姐妹一样，不仅照顾她的起居，邀她一同劳作，而且将当地高超的纺织技术传授给她。黎族同胞细心地传授，黄道婆虚心刻苦地学习，没多久她就了解并熟悉了各道纺织工序。

在实践中，黄道婆还融合吸收了家乡织布技术的长处，逐渐成为有着精湛技术的纺织能手。

黄道婆将自己的掌握的纺织技术悉数教给家乡人民，为棉纺织技术的传播作出了巨大的贡献。

## 革新纺织技术

20多年过去了，已入中年的黄道婆越来越思念故乡，于是，在元贞年间（1295年～1296年），黄道婆带着踏车、椎弓等纺织工具，踏上了北归的路途。黄道婆重返故乡时，棉种植业已经在长江流域大大普及，但是纺织技术仍然很落后。她回乡后，见当地妇女仍然用手剥棉籽，男人依旧用小竹弓弹棉花，操作起来十分辛苦，生产效率又极低，而且织出来的布还像从前一样粗糙。于是黄道婆希望用所学的知识改进家乡落后的棉纺织生产技术。

黄道婆首先改进了纺织工具，利用搅车去籽。搅车由装在机架上的两根辗轴组成，两轴靠摇臂摇动，向相反方向转动。去籽时，将棉花送进两轴间的空隙辗轧，棉籽就被挤出来留在后方，棉纤维被带动到前方。应用搅车后，人们完全改变了当时用手剥籽或用铁杖擀籽的落后方法，大大提高了生产效率。

接着，黄道婆又把原来弹棉花的小弓改成一米多长的大弓，用粗绳弦代替细绳弦，还改用檀木做的椎子击弦弹棉。这样，既比以前用手指弹拨的小竹弓提高了效率，又使弹出的棉花均匀细致，不留杂质，提高了纱线的质量。

在纺纱这道工序上，黄道婆研制出一种三锭纺车，使纺织效率一下提高了三倍，操作也比原先方便省力。黄道婆又创造性地发明了脚踏纺车，代替了沿袭几千年的摇纺车，是棉纺织史上的一次重大革新。

另外，黄道婆还充分利用和改进了传统的纺织工具和纺织技术，提高了整丝质量和织布工艺，使当地人民能用纱线织出各种色彩的棉布，其绚丽灿烂的程度能与丝绸相媲美。元初著名农学家王桢在《农书》中记载，当时已用拨车、线架等纺织工具来分络各色棉纱，还记载了织布机与丝绸机的相同之处。

黄道婆不仅将黎族人民先进的棉纺织生产经验与汉族纺织传统工艺结合起来，系统地改进了从轧籽、弹棉到纺纱、织布的全部生产工序，还创造出新的生产工具，把自己掌握的精湛织造技术毫无保留地传授给了故乡人民。她的纺织技术也迅速得到更广泛的传播。由于黄道婆对棉纺织技术做出了巨大贡献，后人纷纷塑像立碑来纪念她。

云锦

黄道婆塑像

黄道婆去世后不久，松江一带就成为全国的棉纺织业中心，历经百年之久而不衰。乡民为了纪念她，为她建冢立碑，修造祠堂，供奉塑像。

古代的纺织工具——江陵丝纹车（模型）

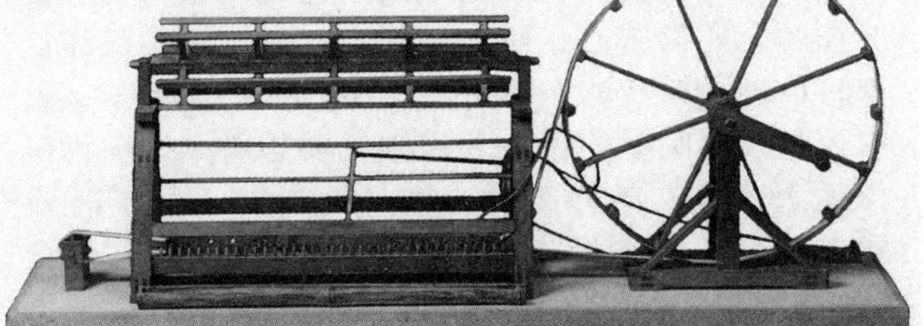

**人物档案**

姓　名：李时珍
生卒年：约1518年～1593年
出生地：蕲州（今湖北蕲春西南）
身　份：明代医药学家

李时珍

# 东方医学的集大成者
# 李时珍
Li Shizhen

**李时珍是明代最杰出的医学家。他历经二十七载，著就《本草纲目》，总结了明代以前我国劳动人民的用药经验，对后世药物学的发展做出了杰出贡献。**

## 志在从医

李时珍出身于一个医学世家。他的祖上几代都以行医为生，父亲李言闻在家乡一带颇有名望，很受乡民的爱戴。李时珍受家庭环境影响，从小就对医药学产生了浓厚的兴趣。但是在中国古代，尤其是八股取士的明代，整个社会都提倡“万般皆下品，唯有读书高”，医学更被认为是末学杂流，所以父亲希望他通过科举考试求取功名，进入仕途，摆脱行医的命运。

明世宗嘉靖十年（1531年），14岁的李时珍在童试中中了秀才，父亲李言闻特别高兴。在父亲的督促下，年幼的李时珍不得不扔下心爱的医书，念起八股文来。但他3次到武昌参加考取举人的乡试，都以失败而告终。最终，他下定决心放弃仕途，和父亲、哥哥一样悬壶济世，为天下黎民百姓解除痛苦。

李时珍塑像

## 十年苦学

嘉靖二十四年（1545年），蕲州发生了一场水灾，李时珍跟着父亲为百姓诊病，救死扶伤，忙碌了好些日子，得到了同乡们的称赞。这一场忙碌使李时珍清楚地认识到，自己所学所知的东西还远远不够，要想真正行医挂牌，还得苦心钻研，积累书本知识和实践经验。在李时珍那个时代的医学史上，医学和药学是不分家的，中药学以中医学的理论为根据，要想研究好药物学并取得重大成就，就必须首先精通医道。于是李时珍专心致志地研究起各家的医书来，并把研究的心得体会用于临床实践，再根据实践经验，琢磨各家著述中的得失，加以取舍或者纠正。由于父亲的关系，李时珍同当地的医学大家来往都比较密切。名门大家里所珍藏的大量医书，为李时珍钻研医学理论创造了最好的条件。有时，他也会到外地去，向渔夫、猎户、樵夫、农民、药户等人请教，并仔细观察，反复试验，因此对各种药物的形态和性质都有了深刻的了解，也搜集到了许多来自民间治病的偏方。冬去春来，转眼间十年过去了，李时珍通过这段时间的学习和实践，积累了丰富的知识和经验。

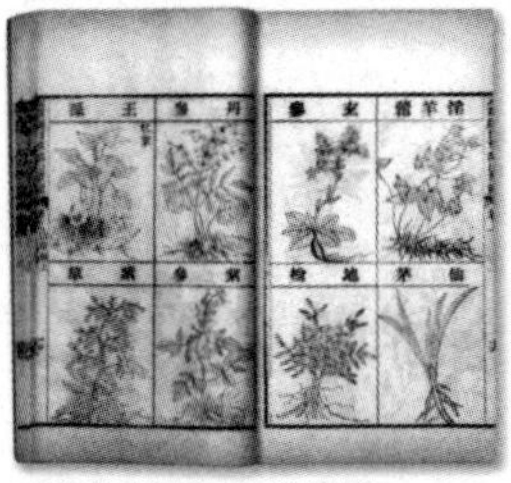

*《本草纲目》药物图谱*

*自然界中有许多具有神奇药效的植物。图为具有补肝、肾、脾之功效的菟丝子。*

## 编写《本草纲目》

医药行业的特殊性使李时珍对前人著作中的错误产生了深深的忧虑，这种情绪促使他想编写一本新的医药学书籍，以纠正并整理前代及本代药物学的散失资料。

正当李时珍为自己的构想紧张工作时，楚恭王府里派专人来蕲州聘请李时珍到王府去担任“奉祠正”，并以这个名义兼管王府的“良医所”。任职期间，李时珍一有时间，就继续写《本草纲目》，并记录下他所接触到的一切药方。

嘉靖三十七年（1558年），朝廷下令各地推荐医术高明的医生进太医院，填补缺额，楚恭王就推荐了李时珍，于是李时珍出任太医院判。在京生活的这段经历大大丰富了李时珍的知识见闻。太医院管辖的寿药房、御药库里面藏品丰富，不但有全国各地进贡来的药物，还有舶来的外洋珍贵药物。

*为了编著《本草纲目》，李时珍不辞劳苦，亲自采集草药标本，积累了大量第一手资料。*

为了更广泛地收集医书资料，一年之后，李时珍便托病辞职回乡。从此，他便周游四方，到各地实地考察，把全部精力投入到宏大的《本草纲目》编写工作之中。

李时珍先后到过湖北的武当山、江西的庐山以及安徽、河南和河北等地，采集了大量的标本，做了详细记录。在对药物进行考察和试验时，李时珍往往不顾个人安危。历经二十余载，李时珍终于完成集毕生心血的伟大著作《本草纲目》，对后世药物学的发展做出重大贡献。

**人物档案**

姓　名：徐光启
生卒年：1562年～1633年
出生地：上海县徐家汇（今上海旧城区）
身　份：明代科学家

*徐光启*

# 东西方科学交融的先行者
# 徐光启
Xu Guangqi

**徐光启是明代伟大的科学家，他在数学、农学、天文学等方面均有建树，为推动中国科学的发展而奋斗终生，是把欧洲的自然科学介绍到中国的第一人。**

## 活泼好动　聪颖好学

徐光启幼年时家境贫困，他的祖母和父母每天都得辛苦劳作，以维持生计。徐光启从小就生活在这样的环境里，很小就参加劳动。贫困使他养成了勤劳节俭的习惯，并使他对农事园艺产生了很大的兴趣。

7岁时，徐光启到家乡附近的龙华寺村学里读书。少年时的徐光启活泼好动，聪颖好学，胸怀大志。当时，他也和其他孩子一样，苦读四书五经，学习写八股文，准备参加科举考试。徐光启不仅在章句、声律等方面成绩优异，老师所出的命题作文，他也能出口成章。

可是，徐光启的科举之路却并不顺利，他20岁时考取了秀才，此后多次参加乡试，但是都没能考中举人，直到1597年，他远赴北京，参加了顺天府的乡试，才被当时著名的大学者焦闳录取为头名举人。1604年，徐光启再次赴京参加会试，终于考中进士，进入翰林院学习，从此踏上了仕途。

*《农政全书》书影*

*《农政全书》为农业发展提供了许多切实可行的经验措施，不仅推进了当时农业生产的发展，还为后世的农业发展和农学研究提供了宝贵的财富，其中的一些经验和措施直到今天仍有很大的实用价值。*

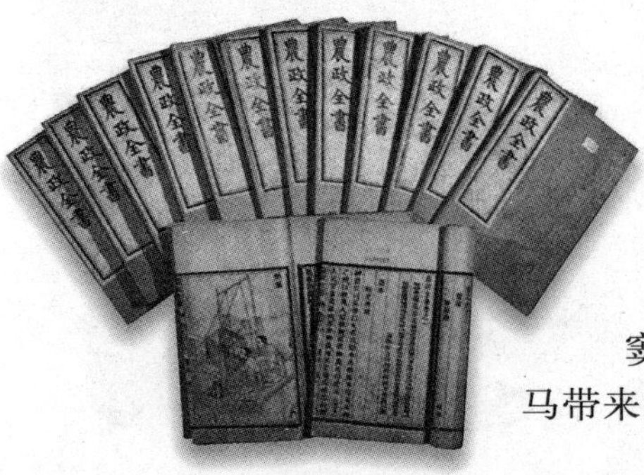

## 引进西方科学

从16世纪起，西方的基督教传教士叩开了中国的大门，开始在中国南方传教。当时有一位著名的传教士名叫利玛窦，是最早深入中国内地传教的耶稣会士，他推行学术传教的策略，主动向中国的士大夫介绍科学知识。

徐光启到北京就职以后，和客居北京的利玛窦交往很密切。徐光启提出与他合作，把他从罗马带来的西方科学书籍翻译成汉语，介绍给更多的中国人。于是两人在1605年左右，开始合作翻译西方数学的经典名著欧几里得的《几何原本》。这是徐光启介绍西方自然科学的第一步。

1610年，利玛窦去世，徐光启又和传教士熊三拔一起合作翻译西方的水利著作，编译成《泰西水法》一书。这本书对我国农田水利事业的发展具有极大的指导意义。

天文学也是徐光启学习西学的重要内容之一。1629年，崇祯皇帝任命徐光启负责修改历法。徐光启把翻译介绍西方的天文学著作当成修改历法的第一个必需的步骤。他首先选择西方天文学最基础的东西，如欧洲天文学理论、计算测量方法、测量仪器、数学知识等进行翻译。他积极参与编译工作，参与编译的著作有《测天约说》《测量全义》等多种。徐光启还上书皇帝，要求大量引进并制造西方的仪器。此举为清朝初年铸造大型的天文仪器积累了宝贵的经验。

*教堂外景*

*徐光启非常欣赏西方的科技文化，并皈依了天主教。*

## 编写《农政全书》

徐光启从小就帮父亲做些农活，积累了一些农业生产经验，也对人民的疾苦有较多的体验。后来他进入翰林院读书，研究了大量的历代农业科学文献，并亲自开始农学实验。他守孝期间在江南家里试种番薯，还专门写了一篇《甘薯疏》来介绍推广这一高产作物。他还试种木棉、芜菁、女贞等植物，并撰写文章介绍种植经验。

徐光启深刻认识到自然灾害对国计民生有着巨大的影响，因此他很重视培植抗灾能力强、经济效益高的农作物。当时北方有大量的闲田无人耕种，于是他三次到天津屯田，不断进行农学实践，并先后写下了《北耕令》《农遗杂疏》等农书。这些工作为他编撰《农政全书》奠定了基础。

《农政全书》的编写历时颇久，大约从徐光启供职翰林院时就已经开始了。在徐光启生前，这部巨著并没有最后定稿，在他去世两年后才由他的学生陈子龙删削繁芜、拾遗补阙，编分卷次，付梓刊印。

*徐光启和意大利著名传教士利玛窦，两人亦师亦友，共同翻译了欧几里得的《几何原本》。*

**人物档案**

姓　名：宋应星
生卒年：1587年～约1666年
出生地：江西奉新县
身　份：明末清初科学家

宋应星

# 中国最早的工艺百科全书的作者
# 宋应星
Song Yingxing

**宋应星是中国明代卓越的科学家和思想家，他编著的《天工开物》是中国科学史中的代表作，深受国内外学术界的推崇。**

## 才大学博　屡试不中

宋应星出身于一个没落的官宦之家，自幼灵敏聪颖，几岁就能赋诗。他长大一点后，已对《十三经》《史记》《国语》《国策》等样样融会贯通。后来，宋应星又考入本县县学为庠生。

宋应星青年时代的主要时间和精力，基本上都花在了科举的应试上。他五次进京会试，均告失败。但这五次水陆兼程的万里跋涉，使他扩展了眼界，扩充了社会见闻。他沿途经过了江西、湖北、安徽、江苏、山东、河北等省的许多城市和乡村，有机会在田间、作坊从劳动群众那里调查到不少农业和手工业生产技术知识。这些为他后来的写作做了准备。

刻有宋应星像的钱币

## 亲身实践　潜心著述

1634年，宋应星任江西分宜县教谕（县学教师）。尽管这是一个未入流的低级官位，但在4年的任期内，宋应星一面专门教授县学的生员，一面充分利用余闲时间查找文献，并开展调查研究，为写作做筹划准备工作。

宋应星《天工开物》中的插图描绘的是明代的手工匠工作的情景。

辛勤的汗水终于浇出了丰硕之果。50岁那年，宋应星发表了《论气》《谈天》等著作，以及平生最重要的作品《天工开物》。

《天工开物》是一部总结了我国明末以前农业和手工技术成就的百科全书式的著作，堪称我国古代不朽的科技宏著。《天工开物》刊行后，被译成日、法、英、德等多国文字，传遍了全世界。

［第六章］ Part6

# 文史大家

在悠久的历史长河中，优秀的文学家、史学家层出不穷，他们为我们带来了无数文笔优美的作品。洁身自好的屈原创造的楚辞体，唱出了其爱国忧民的伟大情怀；身受宫刑之辱的司马迁发愤著《史记》，开史书纪传体之先河；洒脱不羁的李白纵览江山，举杯邀月，写下极具浪漫情怀的壮丽诗篇；忧国忧民的杜甫以饱尝辛酸的诗句记下了沧桑巨变的历史；胸怀旷达的苏轼高声吟诵赤壁的雄伟壮丽，气势恢弘……这些文史大家以其光辉的人格、风格迥异的语言，写下了中国文学的历史，写下了中国社会的历史，极大地丰富了中华五千年的灿烂文化。

**人物档案**

姓　名：屈平

生卒年：约公元前340年~约前278年

出生地：楚国丹阳（今湖北秭归）

身　份：战国时期诗人、政治家

屈原

# 中国第一位浪漫主义爱国诗人

# 屈原

Qu Yuan

**屈原创造了一种新的诗歌形式，对后世的诗歌创作产生了深远的影响；其洁身自好的人格和爱国忧民的情怀，同其作品一样光耀千古。**

## 不凡少年　刻苦求学

屈原自幼酷爱读书，加上天资聪颖，过目成诵，所以十来岁时已经学富五车，见识过人，是远近闻名的神童。父亲伯庸倾心于儒家学说，所以他要求屈原熟读《易经》和孔子、孟子所著的书。屈原虽也爱读儒家著作，但他还涉猎诸子百家，尤其喜欢读《庄子》和孙武、孙膑等人的兵家著作，就连楚地的民歌他也爱读。

可是，这个读书知礼的少年竟做了一件偷粮食的事。原来，他的家乡有一块像米仓一样的巨石，巨石下面有一个豁口，人们管它叫米仓口。老人说，这个米仓口原来可以流出米来，这些米只可解燃眉之急，不可取走。后来一个贪心的人把米仓口凿大了点，弄了好多米回去，可到家一看，米全变成了沙子，从此这米仓口就再也没有米流出来了。屈原心想："要是米仓口真能流出白米，穷人不就可以避免饥肠辘辘之苦吗？"几天之后，有人忽然发现米仓口又流白米了，就在这时，父亲伯庸发现自家米仓内堆积的米缺了一小角儿，觉得有点蹊跷，便在夜里暗中到米仓里去察看。当发现偷米的人竟然是自己的儿子时，他心潮激荡，教育屈原要立下大志，好好读书，将来担当大任，救民于水火之中。

屈原文才出众，创造了"楚辞"这一全新的文学体裁。

屈原深受父亲教诲，更加发愤读书。这时，他的家乡经常受到小股秦兵的骚扰，百姓不堪其苦。屈原便将附近的青年组织起来，编成一支"平寇队"，日日操练。在一个元宵节的晚上，他率"平寇队"智退秦兵。此事使屈原声名远播，于是他被推荐到京都郢城宗塾里去读书。在学习期间，屈原刻苦认真，孜孜不倦，很快成为一位百科全书式的人物。

## 朝中为官　屡遭流放

大约在公元前319年，屈原当上了楚国的左徒（地位仅次于丞相），辅佐楚怀王处理朝中内政外交大事。很快，他就成为朝中最出色、最受重用的人。为使国家和民族能够长治久安，屈原接连制定了几项法令，取缔和限制了旧贵族的某些特权，打击了一些贪污、腐化、结党营私的活动，选用了一批贤才来管理国家大事。后来，他又亲自出使齐国，说服了齐王，结成楚齐联盟。

然而不久，屈原却因旧贵族势力的诬陷，被楚怀王放逐到汉水上游一带。此后不久，秦国以六百里地的利益诱惑楚怀王，破坏了楚齐联盟，开始攻打齐国。秦打败齐后，便毁约食言，不欲割地给楚。楚怀王大怒，举兵讨伐秦国，结果大败。在这种情况下，楚怀王重新起用流放在汉水的屈原，派他再度使齐，重修楚齐之好。

然而，当秦国故伎重施时，楚怀王却是非不分，重新走上了亲秦绝齐的歧途，使屈原刚刚协调好的楚齐联盟毁于一旦。公元前299年，楚怀王被拘秦国。楚国立太子熊横为楚顷襄王。楚顷襄王认贼作父，再度将屈原流放到长江以南的荒野上。

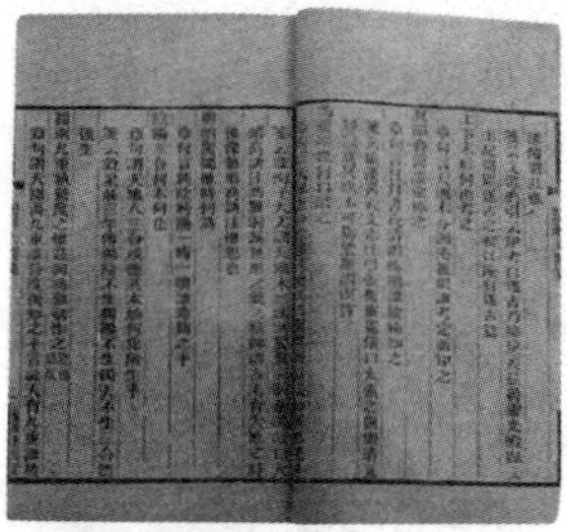

*《离骚》书影*

*《离骚》全诗三百七十多句，二千四百余字，是在楚国民间歌谣的基础上创作的一种新诗体。它比之《诗经》，句式较长，篇幅扩大，词汇瑰丽，想象奇伟，具有浓厚的浪漫主义色彩，极富艺术感染力。*

*位于湖南汨罗市的屈子祠*

## 无力报国　创作抒怀

屈原被流放后，心中十分忧伤，于是创作了《离骚》《九章》《九歌》《招魂》《天问》等诸多作品，以表达自己坚持正义，虽遭打击但不动摇的坚定信念。其中，屈原最重要的代表作《离骚》，是在楚国民间歌谣的基础上创制的一种新诗体，具有浓厚的浪漫主义色彩，极富艺术感染力。文中屈原通过“反复”这一形式来表述自己的心迹：绝不放弃自己的理想而妥协从俗，宁死也不肯改变自己的人格，从而塑造出一个崇高的诗人的形象。

公元前278年，秦国大将白起攻破了楚国郢都。屈原无比悲愤，就在农历五月初五写了《怀沙》一诗。写罢，屈原怀抱一块大石头，跳进汨罗江中，以表白自己热爱祖国、热爱人民、抗秦到底的决心。后来，每年五月初五，人们以包粽子、赛龙舟的方式怀念屈原，并把这一天定为“端午节”。

*屈原汨罗江边诵诗忧国。*

# 忍辱著书的史学家
# 司马迁
Sima Qian

**人物档案**
姓　名：司马迁
生卒年：约公元前145年～？
出生地：夏阳（今陕西韩城西南）
身　份：西汉史学家、文学家、思想家

司马迁

**司马迁是中国伟大的史学家，他屈受宫刑之辱，隐忍发愤著成《史记》一书，开创了中国纪传体史书的先河，影响了后世史学和文学的发展。**

## 刻苦攻读　广游博览

司马迁的父亲司马谈是一位渊博的学者，对天文、历史、哲学都深有研究，这使得司马迁受到了良好的启蒙教育。司马迁10岁以前在山环水绕的故乡放牧读书，10岁时随父亲来到了京都长安，开始了潜心攻读的生活。司马迁曾师从董仲舒学习《春秋》，师从孔安国学习古文《尚书》，这一切都奠定了他深厚的文化功底，养成了他多方面的兴趣，为以后从事《史记》的写作做了初步的准备。

20岁的时候，司马迁走出书斋，开始了人生第一次万里漫游。他的文化素养促使他自觉地把自然地理和人物风情联系在一起。他从长安出发，在淮阴访问了西汉开国名将韩信的故里；到浙江登上相传是夏禹大会诸侯，为诸侯记功而得名的会稽山；到汨罗江为屈原真诚执著的爱国忠君之情潸然泪下；在曲阜，他怀着无限的景仰之情细心地观察孔子庙堂；在楚霸王项羽和汉高祖刘邦的故乡，他采访遗者，收集汉代名相名将萧何、曹参、夏侯婴等人的逸闻轶事……这段游历经历使司马迁真正贴近了生活，许多历史材料进入他的脑海，使他的知识积累达到了一个新的高度。

嘉业藏书楼中所藏的《史记》书版

司马迁漫游归来，开始步入仕途，任郎中之职。这虽是平日为皇帝守卫宫门、担任侍从的小官，但是，他可以长期跟随汉武帝出巡全国，增长见识。公元前116年，司马迁奉汉武帝之命，出使巴蜀以南地区以及云南昆明，这使得他对西南地区的民情风俗有了深入的了解。后来，他根据这次出使得到的材料写成《西南夷列传》。

*《史记》之世家部分*

*《史记》原名《太史公书》，东汉末年始称《史记》。《史记》全书一百三十篇，五十多万字，由本纪、书、表、世家、列传五部分构成，开创了纪传体编写史书的先例。书中用“本纪”记帝王，用“世家”记诸侯，用“列传”记各种人和事，用“表”记时事，用“书”记制度。这五种不同体例相互配合，相互补充，共同构成完整的历史体系。*

## 承父之志　编纂《史记》

公元前110年，汉武帝到泰山举行封禅大典。司马迁的父亲司马谈随行，不幸途中病逝。父亲临终遗言，要司马迁完成他论著史书的遗愿，这成为司马迁撰写《史记》的原始动力之一。因侍从汉武帝巡狩封禅，司马迁游历了很多地方，足迹几乎遍及全国各地。游历之行开拓了他的胸襟和眼界，使他接触到各个阶层、各种人物的生活，并且搜集到许多历史人物的资料和传说。这一切，为他后来写作《史记》提供了很大的帮助。

公元前108年，司马迁从郎中升为太史令。这一工作为他提供了收集史料的机会。他孜孜不倦地阅读国家藏书，研究各种史料，潜心于著史。他一方面对朝廷的史籍和所收集的遗文古事、各种典籍进行整理；另一方面访问朋友，或根据实地调查，对材料重新加以补充。经过四年的积累，到他42岁时，写史书的准备工作基本酝酿成熟。

## 李陵之祸　隐忍著书

公元前99年，正当司马迁的著史工作进入高潮之际，一场横祸降临。司马迁由于为寡不敌众、降于匈奴的李陵辩护，被投入监狱，接着又以“诬罔主上”的罪名被处以宫刑。

在司马迁看来，这是奇耻大辱，他曾想到自杀，然而，“死有重于泰山，或轻于鸿毛”，当他想到父亲的遗言，想到草创未就的著述，便决定在残酷黑暗的现实中“隐忍苟活”，在著史的过程中求得生命价值的实现，并从古人身上找到支撑自己生活的勇气。最终，司马迁终于用他“身残处秽”的生命完成一部“究天人之际，通古今之变，成一家之言”的史学巨著——《史记》。

*凭着顽强的毅力，司马迁忍辱著书。*

**人物档案**

姓　名：李白

生卒年：701年～762年

出生地：碎叶城（今吉尔吉斯斯坦北部托克马克附近）

身　份：唐代诗人

李白

# 名传千古的一代“诗仙”

# 李白

Li Bai

**李白是中国文学史上最伟大的浪漫主义诗人，他具有非凡的才华以及傲岸的人格。他的诗歌作品中充满了澎湃的激情和神奇的想象，他因此被誉为“诗仙”。**

## 勤学苦读

李白诞生在富商家庭中。他从小就接受了良好的教育，5岁就开始学习写字，10岁观阅诸子百家，15岁时已写得一手好文章。据说李白少年时曾一度不想学习了。

有一天，李白在山下小溪边遇见一位正在磨铁杵的老奶奶，李白就走过去问老人家磨铁杵干什么，老人家答道：“磨杵做针。”李白不理解，便问：“这么粗的铁杵怎么能磨成针呢？您不是在骗我吧？”老人家看看他，说：“只要工夫深，铁杵也能磨成针！”这件事对李白震动很大，从此，李白厌弃学习的情绪有了很大收敛，遇到松懈的时候，他就用磨杵成针的故事来激励自己。

李白“举杯邀明月”。

## 拜师求学

李白从小的志向就是做一个能治国安邦的大臣，因此他除饱读诗书外，还勤练剑术，偶尔也“横琴倚高松，把酒望远山”。

李白18岁时，听说梓州有个名叫赵蕤的饱学之士，住在城外的长平山上，当地人都叫他“赵处士”。据说自他隐居郪县山中以来，潜心研究，花了二十多年的心血，终于完成了《长短经》的著述。李白对这位“赵处士”佩服得五体投地，于是从涪江顺流而下，走了二百多里的水路，很快来到梓州，拜见赵蕤。赵蕤见李白天资聪颖，力求上进，便把自己所研究的学问都传授给了他。这对李白“济苍生”、“安社稷”的远大抱负的形成有着举足轻重的作用。

## 游学求仕　文学创作

四川江油李白故里

李白20岁后，拜别老师开始下山求取功名，游历了蜀中、洞庭、庐山、金陵、扬州等地。这期间，李白也与当时的一般宦游士子一样，曾经多次投书长吏求仕。但由于李白个性突兀，傲岸不羁，这些地方长官不仅不赏拔荐举，而且大有不容李白之势。

天宝初年，李白来到京城长安，却无人赏识，一时非常困顿。他听说秘书监贺知章既有文名，又喜欢喝酒，就把自己写的诗文送去，请贺知章阅览。贺知章读到《蜀道难》这首诗时，惊叹不已，说道："这个李白，真是谪仙人啊！"从此，二人相交甚欢。后来贺知章、玉真公主等人向唐玄宗推荐，唐玄宗让李白做了翰林供奉。

李白应召入京时，踌躇满志，他有心做一番事业来报答唐玄宗的知遇之恩。但这位傲岸的诗人很快就遭到了宫廷权贵们的嫉恨。一年后，李白就开始遭到谄毁。744年春，李白被遣放还乡。虽然他在朝中任职的时间只有一年多，但却使他对社会的认识发生了深刻的变化。他的自由意识是如此强烈，当遇到现实生活中丑恶力量的阻挠时，他的愤怒和抗争也表现得格外强烈。被放还乡后，李白四处浪游，漂泊在梁园、鲁郡和金陵一带，还到过幽蓟等地，一路上写下了许多优秀的诗篇。

太白醉酒图

李白的诗歌成就突出表现在乐府诗、五言古诗、七言古诗和绝句四个方面。在绝句方面，李白五言绝句深得乐府民歌的传统，清新朴素，有谣谚之风，因此得到普遍传诵。除诗歌之外，李白也以散文闻名，是历代文学之士学习的典范，对后世产生了十分深远的影响。

李白是盛唐文化孕育出来的天才诗人，其非凡的自负和自信、傲岸的独立人格、豪放洒脱的气度、自由创造的浪漫情怀，最充分也最集中地体现了盛唐人士的时代性格和精神风貌。盛唐诗歌的气、情、神在李白的诗歌中发挥得淋漓尽致。他的诗歌创作充满了发兴无端的澎湃激情和神奇想象，既有气势浩荡、变幻莫测的壮观奇景，又有自然天成的明丽意境，美不胜收。因此，李白被世人誉为"诗仙"。

**人物档案**

姓　名：杜甫
生卒年：712年～770年
出生地：河南巩县（今河南巩义市）
身　份：唐代诗人

*杜甫*

# 一代“诗圣”
# 杜甫
Du Fu

**杜甫是唐代诗坛上一颗光辉夺目的明星，被后人誉为“诗圣”。他创作的诗歌不仅数量浩繁，而且具有丰富的社会内容、鲜明的政治倾向和强烈的艺术感染力。**

## 勤奋学习　结交名士

杜甫出生在一个封建官僚家庭里。其祖父杜审言为人正直，是武后朝中最著名的诗人，他的诗品和人品都对杜甫有着直接的影响，被认为是杜甫的家学渊源。杜甫从小就接受家庭传统教育：一是要做官，二是要写诗。做官要经世济民，写诗要抒发胸臆，这就为杜甫的人生追求定下了目标。

杜甫少年时居住的洛阳城，是唐朝当时的政治文化中心之一，名人学士荟萃。杜甫以文会友，结交了许多比他年龄大得多的名人，受到他们的赏识，在文坛崭露了头角。他时常将自己写的诗文投献给老一辈的文人，请求指教。当时的洛阳名士崔尚、魏启心，精通音律的岐王李范和唐玄宗的宠臣崔涤都给了杜甫不少指点，使他的眼界变得越来越开阔。然而，杜甫并不满足，常常在大人的援引下去拜访当时的名人。

*成都草堂*

*杜甫因避安史之乱流亡到成都，在友人的帮助下，于风景秀丽的浣花溪畔盖起来一座茅屋，这便是他诗中提到的“万里桥西宅，百花潭北庄”的成都草堂。*

## 辞亲远游　幸会李白

从玄宗开元十九年（731年）至天宝四年（745年），杜甫进行了两次长期的漫游。第一次是在江南一带，他到过金陵、姑苏等地，江南的景物和文化给他留下深刻的印象。开元二十三年（735年），杜甫回洛阳应进士考试，未被录取。次年，他又在齐赵一带开始了第二次漫游。通过这次漫游，他看到祖国秀丽雄伟的山川，了解了山东的文化，扩大了眼界，丰富了见闻。此间，他在天宝三年（744年）与李白相遇，二人畅游齐鲁，访道寻友，谈诗论文，议论时事，结下深厚的友谊。

这时唐王朝还算强盛，可是唐玄宗开始好大喜功，开拓边疆，消耗了大量人力物力，社会上已经隐伏着不安定的危机。杜甫对此有所预感，但并未正视。他在这时期写的诗只有二十几首流传下来，主要是五言律诗和五言古体诗，其中有《望岳》等不同凡响的作品。

杜甫一生忧国忧民，创作了许多反映人民社会生活的诗歌作品。

## 流离失所　写实创作

天宝五年（746年），杜甫回到长安，希望求得功名，有所建树，但由于中书令李林甫的阴谋破坏，他只得到右卫率府兵曹参的职务。此后，杜甫便在长安居住了10年。在这10年间，杜甫深入了解到统治阶级的腐化和丑恶嘴脸，写出《兵车行》《丽人行》《前出塞》《后出塞》等不朽的名篇，开始给当时的诗歌增添新的内容和新的表达方法。这时期流传下来的诗约有一百余首。

安禄山起兵后，很快就攻陷了洛阳、长安。杜甫只身北上，投奔灵武，不幸被叛军截获，送往长安。杜甫身陷贼营将近半年，此间听到唐军两次反攻，先后在陈陶、青坂两处都全军覆没的消息，满腔悲愤，写出《悲陈陶》《悲青坂》《春望》《哀江头》等诗。

至德二年（757年）四月，杜甫冒着生命危险逃出长安，受任为左拾遗。不久因为上书救房琯，触怒肃宗，遭到审讯。这年九月，唐军收复长安，十月收复洛阳，肃宗于十月底返京，杜甫也在这时回到长安，仍任左拾遗。次年五月，杜甫受到朝廷内肃宗新贵与玄宗旧臣之间斗争的影响，外调为华州司功参军。此后，他在兵荒马乱中定居于成都达5年之久。

这时，杜甫的生活经历比在长安时要丰富得多，也艰苦得多，因此创作出的诗歌多种多样，流传下来的有200多首，大部分是其诗中的杰作，其中包括著名的《三吏》《三别》。

安史之乱后，差役到处抓丁拉夫，杜甫的“三别”中的《新婚别》就记载了这样的悲惨场景。

杜诗最显著的特点是将社会现实与个人生活密切结合，思想内容与艺术形式完美统一。杜甫的诗歌深刻地反映了唐代安史之乱前后20多年的社会全貌，被称为“诗史”。

**人物档案**

姓　名：韩愈

生卒年：768年～824年

出生地：河南河阳(今河南孟州南)

身　份：唐朝文学家、哲学家

韩愈

# 古文运动的领导者
# 韩愈
Han Yu

**韩愈居唐宋八大家之首，与柳宗元同为古文运动的倡导者。他强调自尧舜至孔孟一脉相传的道统，维护儒家的传统思想，在当时以及对后世都产生了很大的影响。**

## 亲人亡故　逆境求学

韩愈出身于一个官宦世家，其祖上既出过安邦定国的赫赫武将，也有过轰动朝野的锦衣大儒，他们拜相封侯，显赫一时。但是到了韩愈父亲韩仲卿这一代，家道渐渐败落，韩仲卿只做过武昌令等小官。

韩愈出生两个月时，母亲就去世了，父亲也在韩愈3岁时去世。韩愈幼失双亲，由长兄韩会抚养成人。韩愈9岁时，韩会因受宰相元载株连，由起居舍人贬为韶州（今广东韶关）刺史。韩会富有才学，不仅“好谈经济之略，尝以王佐自许”，而且参与了李华、萧颖士等古文运动先驱发起的变革文风的活动。韩会著有《文衡》一文，明确提出了文以致用、文助教化的主张。虽然韩会在韩愈11岁时便病死了，但他对韩愈确定一生的奋斗目标有直接影响。韩会死后，韩愈的二哥、侄儿相继去世。这些童年的不幸和生活的艰难，磨炼了韩愈的意志，激发了他刻苦学习和勇于探索的精神。

韩愈力反六朝以来的骈偶文风，提倡散体。

## 仕途沉浮

贞元二年（786年），19岁的韩愈赴长安求仕。他从19岁到24岁的6年间，先后参加了三次进士科考试，次次败北。贞元八年，屡受打击的韩愈第四次鼓起勇气踏进了进士考场，本年度的主考官是清正廉洁、知人善任的宰相陆贽。梁肃、王础为首席阅卷官，两人也都是为世人推崇的才学之士。陆贽、梁肃为当时骈文的改革者，力主倡导“古文”。韩愈常阅读梁肃的文章，受其影响，文风有与之相似之处，因此韩愈的文章为梁肃所欣赏、推重，于是韩愈在这次考试中榜上有名。但此后他连续两次参加吏部博学宏词科考试，均不中，便回河阳探亲。贞元十二年，29岁的韩愈经汴州刺史董晋举荐，在董晋幕府里任观察推官，这是韩愈从政的开始。

贞元十五年，汴州兵变，韩愈幸免于难，但因此失掉官职。贞元十七年，韩愈到京师听候调遣，次年春天授国子监四门博士（四门博士相当于今天大学教授之职）。后经李汶荐举，升为监察御史。两年后，关中大旱，官吏却继续横征暴敛，韩愈写下《御史台上论天旱人饥状》，恳求皇上“特敕京兆府”停征赋税，然而却因此事被贬为广东的阳山令。这时，唐顺宗、唐宪宗相继即位，在其即位后的大赦中，韩愈两次遇赦。唐宪宗元和元年（806年），韩愈被召回复任国子监博士，这年韩愈39岁。以后的10年间，韩愈的官职屡经迁调，时降时升。尽管如此，韩愈仍然不断著述，写出了著名的《师说》《马说》《原道》等作品。

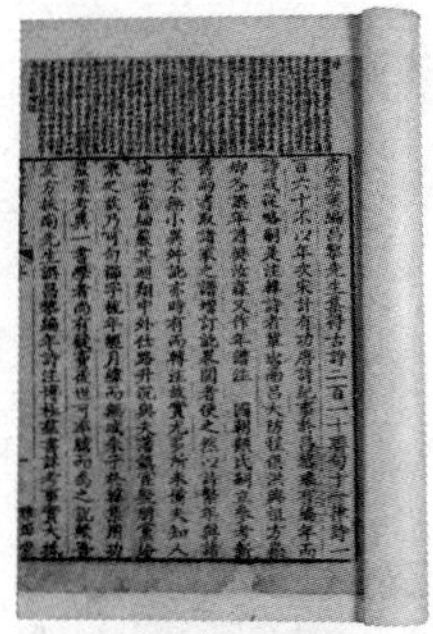

《韩昌黎诗集编年笺注》

唐朝鎏金鹦鹉纹提梁银罐

## 倡导古文运动

古文运动是文学史上一个复杂的现象，其主旨是解放文体，推倒骈文的绝对统治，恢复散文自由抒写的功能。早在唐德宗贞元十八年韩愈首次出任国子监四门博士时，他已推动古文运动的发展。韩愈任国子监博士时，利用传道授业的有利条件，积极倡导古文运动，主张文章要植根“文艺”，阐扬孔孟之道。第二年，礼部又举行进士考试，韩愈以四门博士身份致书副主考官，向他推荐了侯喜、沈杞等10人，他们先后考试及第，因此，韩愈声名大振，许多举子都投奔韩愈门下，称“韩门弟子”。韩愈借此广交后学，并给弟子以具体的指导和帮助，推动了古文运动的进一步发展。随着韩愈的名气逐渐扩大，登门拜师求教者甚多，不知不觉中，在京城形成了以韩愈为中心的文人圈。此时的韩愈雄心勃勃，广泛开展他倡导已久的古文运动，决心改变当时轻薄为文的状况，扭转一代文风。

韩愈一生诲人不倦。

在韩愈和柳宗元等人的大力倡导下，唐代古文运动得以蓬勃发展。这一运动开辟了唐宋以来古文的发展道路。

**人物档案**

姓　名：白居易
生卒年：772年～846年
出生地：山西太原
身　份：唐代诗人

白居易

# 中国的“诗魔”
# 白居易
Bai Juyi

**白居易是中唐时期享有盛名的诗人。他的诗怀深意逸，雅俗共赏。他的诗歌语言浅显易懂，平易近人，对后世诗歌语言发展起着重要的影响。**

## 乱世流离　高中进士

白居易年幼时，父亲在外做官，只有母亲陈氏对他进行启蒙教育。白居易五六岁时，开始学着作诗。9岁时，他已熟知声韵，有些诗名了。可惜，此时的唐王朝接近崩溃边缘，社会动荡不安，这影响了白居易的学业。

白居易11岁时，全家外出避难，一部分人投奔到他父亲的任所徐州，白居易则逃到了越中（今浙江）。在越中，他过了几年颠沛流离的生活，贫病交迫，但是他从来不忘攻读。他立志济世救民，并希望通过科举考试走上仕途，以实现自己的政治理想。16岁时，白居易不远千里从越中赶到长安，拿着自己的诗作《赋得古原草送别》拜见名士顾况，希望得到顾况的赏识，在都城能有新的发展。当顾况读到诗中的“野火烧不尽，春风吹又生”时，禁不住节击赞赏。但顾况的赏识并没给白居易的取仕带来多少直接的影响，白居易不得不返回越中。

*《长恨歌》叙述了唐玄宗和杨贵妃的爱情悲剧，是白居易的代表作之一。图为《长恨歌》描述的场景。*

白居易20岁以后，主要是生活在徐州符离。当时那里也是兵荒马乱，白居易的生活很不安定，父亲去世后他守孝3年，直到27岁才参加科举考试，开始自己的“举业”活动。唐德宗贞元十四年（798年）秋天，白居易在宣城参加了乡试，被赏识他的宣州刺史崔衍选送长安应进士考试。贞元十六年，28岁的白居易在长安参加进士考试一举登第。

## 早年创作

由于白居易生性耿直，所以在政治上一生都未得志。抱负不能施展，他便把主要精力倾注在文学方面，尤其致力于作诗。

白居易早年的创作主要以写讽喻诗为主，他的讽喻诗直接继承了杜甫的诗歌敢于正视现实、抨击黑暗的优良传统。在具体写作过程中，白居易努力使自己的诗歌语言更加流畅通俗，生动感人，在雅俗共赏方面下了很大的功夫，也取得了巨大的成功。他所创作的乐府诗，无论是在题材的广阔上，还是在组织结构的复杂上，以及风格的平易近人上，比起前人来都有很大的发展，因而也具有更加广泛的读者群，对社会的影响非常突出。其中最著名的讽喻诗要数《秦中吟》10首和《新乐府》50首。这些诗广泛反映了中唐社会各方面的重大问题，着重描写了现实的黑暗和人民的痛苦。诗中措辞激烈，突破了“温柔敦厚”的诗教传统，在古代批评时政的诗歌中十分突出。

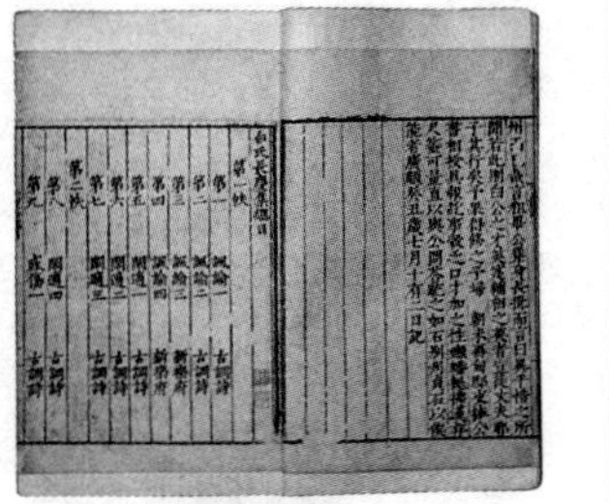

*《白氏长庆集》书影*

## 勤奋创作　人称“诗魔”

白居易是唐代写诗最多的人，一生共写了将近三千首各种体裁的诗歌，并留下了不少佳作。他是唐代继李白、杜甫之后，又一位在文坛上产生重大影响的大诗人。

白居易的诗有一个最大的特点，就是语言通俗易懂，明白晓畅，但同时又经过千锤百炼，做了许多艺术加工。诗坛曾流传老妪亦解白诗的佳话。明代诗论家胡震亨《唐音统签》中曾有宋朝诗人张文潜看到过白居易诗手稿的记载，说“真迹点窜，多与初作不侔”，可知白居易作诗、改诗之刻苦认真。由此可见，白居易的诗达到这样的艺术水平，是他付出了无数辛苦后才获得的。

对于自己的创作，白居易在诗中写道：“酒狂又引诗魔发，日午悲吟到日西。”因此，后人将他称为“诗魔”。

白居易听了歌女弹奏琵琶，联想到自己的遭遇，引起满腔心事，写下了著名的叙事长诗《琵琶行》。

**人物档案**

姓　名：苏轼

生卒年：1036年～1101年

出生地：眉州眉山（今属四川）

身　份：北宋文学家、政治家、书画家

苏轼

# 一代文章之宗

# 苏轼

Su Shi

**苏轼是豪放派的代表人物之一，也是“唐宋八大家”之一，他在文学创作方面代表着北宋的最高成就，是北宋文学的集大成者。**

## 书香世家　文震考官

苏轼生于北宋中期。其母程氏出身书香门第，品德、学识都相当好，苏轼也因此从母亲那里受到了良好的家教。苏轼的父亲苏洵志在科举，然而他开始做学问的时间过晚，已年过而立，结果屡试不中，只能感叹自己怀才不遇，因此他对苏轼、苏辙两兄弟的期望很大。

苏轼出生后不久，苏洵便到京都去游学，所以苏轼一直到8岁都没有受到过父亲的言传身教，而是由母亲启蒙。后来因程氏深信道教，便命苏轼拜天庆观道士张易简为老师，与镇上的百余名幼童一起学习。就这样，苏轼在天庆观的私塾里读了三年书。由于苏轼从小天资聪颖，因此他在老师和母亲的教导下进步得非常快。

苏轼的父亲苏洵

宋仁宗嘉祐元年（1056年），苏洵带着已成年的苏轼和苏辙，到京师参加科举考试。八月，兄弟二人参加了乡试，由于成绩优异，遂于第二年的正月又参加了礼部主持的会试。这次考试的题目是《刑赏忠厚之至论》。在这篇论文中，苏轼第一次阐明了自己一生所遵循的仁政治国的理想。当时主考官正是大力提倡古文运动的文坛领袖欧阳修，苏轼的文风令欧阳修有探骊得珠的感觉，苏轼自然榜上有名。在皇帝亲自出题进行殿试时，苏轼兄弟二人同科进士及第，苏轼被授大理寺评事签书、凤翔府节度判官厅公事，开始了他一生坎坷的仕宦生涯。

## 乌台诗案　仕途失意

苏轼初入仕途，正是北宋改革呼声日益高涨

的时代，他也迅速卷入了这一浪潮中。当王安石推行新法时，苏轼与欧阳修等一大批文人一起站在反对新法的立场上，卷入上层政治冲突中。北宋元丰二年（1079年），苏轼被贬调湖州。在奉调时，苏轼依例向宋神宗上表致谢，在表中写出了略带牢骚的“知其生不逢时，难以追陪新进；查其老不生事，或可牧养小民”。当时朝中政敌借此指责苏轼以“谢表”为名，讥讽朝廷，请求皇上对他加以严办。结果苏轼被送交御史台审讯，因御史台又名“乌台”，因此这场北宋历史上著名的文字狱案就叫“乌台诗案”。

东坡肉
东坡肉是杭州的名菜。相传苏轼在黄州任团练副使时，为解失意之苦，常自制各种菜肴，喝酒吟诗，东坡肉只是其中一种。

苏轼因“乌台诗案”被贬黄州，生活十分窘迫，幸亏老友马正卿请得数十亩旧田地，让他开垦。这地方就是所谓的“东坡”。苏轼亲自在东坡开垦荒地，对这个曾经长满荒草的地方产生了深厚的感情。他把东坡视为自己个性的象征，于是取号“东坡居士”。

## 逆境奋发　成就倍出

元丰五年（1082年），苏轼游览了黄州赤壁，写下了千古绝唱《念奴娇·赤壁怀古》。该文洋溢着报国杀敌的豪情，所选用的词调很好地配合了这种情绪，成为豪放派词的杰出作品。

苏轼被世人称为“唐宋八大家”之一，这是指他的散文成就。在散文创作中，苏轼特别重视“以意为主”。他的散文如行云流水一般，并且吻合他自己的情感基调与个性特征。语言上骈散交杂，长短错落，能以最佳的形式表现他在具体环境中的具体感受。他在散文上最著名的代表作有前、后《赤壁赋》。

苏轼文采飞扬，写出无数千古绝唱。

苏轼不但是一位大文豪，在艺术领域也有骄人的成绩。在书法上，他擅长行书、楷书，用笔丰富而富于变化，朴实而不造作，被称为“苏体”。在绘画方面，他也有相当造诣，是“湖州竹派”的重要成员之一。

总之，苏轼以其极为突出的创作成绩成为北宋文学的集大成者，而他宠辱不惊的人格也受到了后人无限的敬仰。

**人物档案**

姓　名：陆游
生卒年：1125年～1210年
出生地：越州山阴（今浙江绍兴）
身　份：南宋诗人

陆游

# 志在报国的爱国诗人
# 陆游
Lu You

**陆游是南宋时期伟大的爱国诗人，也是现存诗歌数量最多的诗人。他在中国文学史上产生了深远的影响，他的爱国精神也一直激励着后人。**

## 耳濡目染

陆游出身于一个仕宦世家，4岁时金兵攻陷寿春，陆游全家仓皇逃难，这次逃难在陆游幼小的心里埋下了复仇雪耻的种子。

陆游从小就爱学习，好读书。陆家藏书甚丰，给陆游的学习创造了极有利的条件。勤读苦学，再加上父亲陆宰的指点，陆游打下了扎实的学习基础。陆游从师受教是从9岁开始的，家塾老师毛德昭常苦学至忘寝食，经史多成诵，这种精神对陆游的治学态度产生了良好的影响。在战乱中，往来于陆家的，除了爱国的政治家外，还有许多文人学者，他们在文学与学术上具有很高的造诣。他们常和陆游的父亲陆宰秉烛清谈，使陆坐一旁的陆游获益匪浅，所以陆游12岁便能诗善文了。15岁时陆游进入乡校，老师韩有功、陆彦远等都是有学问、有气节的人物，在治学和做人方面给了陆游极大的影响。

陆游行书《桐江帖》

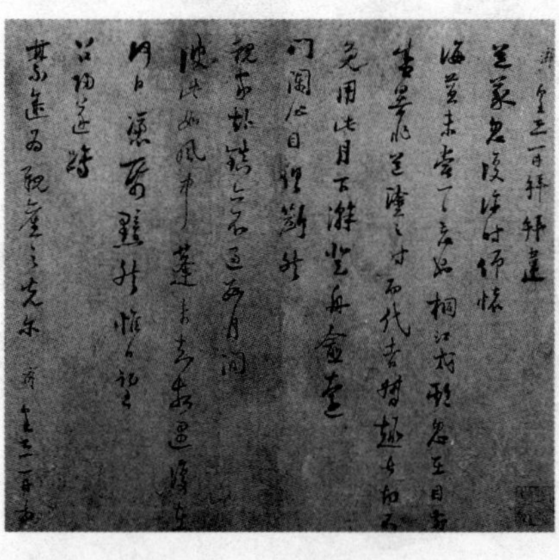

## 曾几解惑

陆游16岁时，参加出官的考试，未中。归来后，他便发愤读书，17岁外出从师，受业于云门鲍季和先生，早出晚归。这年他专攻诗文，只是苦无心得，无所进展。这时，陆游结识了江西派大诗人曾几，曾几给陆游的生活和创作带来重大转变。

曾几是当时名满天下的诗人、学者，也是一位爱国志士，力主抗金，反对和议，属于抗战派。曾几罢官之后，去山阴拜访陆宰，陆游遂得与曾几相见，并为曾几所赏识，二人建立起深厚的师生情谊。曾几教导陆游，作诗要从现实生活出发，不要停留在蹈袭模仿前辈诗人语句的水平上。同时，曾几把吕本中的“养气说”传授给了陆游。得益于曾几的教诲，陆游一步步向南宋诗坛迈进，最终成为“中兴之冠”的诗人。

## 落榜与婚变

陆游19岁时，又逢科举之年，他参加科考后顺利中选，被推荐到礼部应试。但是，他在礼部应试中却落榜了。

20岁时，家里为陆游娶妻，他的妻子是美丽、温存、多情而有才的表妹唐婉。但是陆游的母亲认为陆游迷恋唐婉，影响前程，在陆母干涉下，二人终于离婚了。后二人各自婚娶。

29岁时，陆游参加锁厅考试，名列第一；次年又参加礼部考试，名列秦桧孙秦埙之前，触怒秦桧，被除名。但他毫不消沉，回乡后仍坚持攻读兵书，刻苦习武，准备抗金卫国。秦桧死后，朝廷重新起用了陆游，先后委任他为福州宁德县主簿、枢密院编修等职务，陆游从此便踏上了仕途。陆游登仕之时，已颇有诗名。

陆游一生渴望恢复中原，建功立业，并把这种情怀不断寄托在诗作中，但这一理想终未实现，只留有不尽的遗憾和无数优秀的作品。

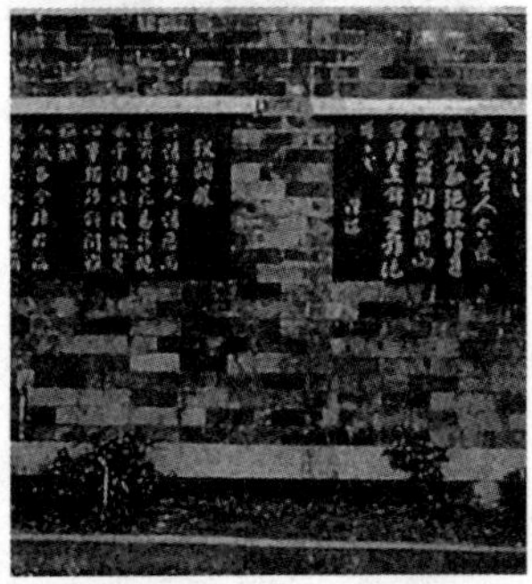

陆游和唐婉离婚10年后，游沈园时与唐婉夫妇邂逅，感伤万分，在园壁上题下《钗头凤》，抒发出自己内心的眷恋相思和无尽的追悔悲愤之情。

## 矢志抗金　写诗抒怀

1169年，朝廷又让陆游去夔州任通判，这时陆游已经45岁了。在夔州居官期间，陆游因远离朝廷，不能襄助国家大计，心情非常苦闷。三年后，王炎任川陕宣抚使，因为主抗战，陆游得到他的赏识而被委为协办公事的职务，并派到南郑襄理军务。这不到一年的军中生活，在陆游的生活和创作中留下了深深的烙印，豪迈而悲壮成为他这一时期诗歌创作的主基调。

陆游的抗金主张虽多次遭受投降派的打击，但爱国之志始终不渝，至死仍念念不忘国家的统一。临终时，他留给儿子一首千古流传的诗《示儿》，表达了自己抗金的决心。

陆游一生勤于创作，流传下来的诗就有9300多首，诗作涉及的题材极为广泛，其中表现抗金报国的作品，最能反映那个时代的精神。

临终前，陆游念了最后一首感人肺腑的《示儿》诗。

**人物档案**

姓　名：施耐庵
生卒年：1296年～1370年
出生地：兴化白驹场（今属江苏）
身　份：元末明初小说家

施耐庵

# 从书场里走出来的小说家

# 施耐庵

Shi Nai'an

**施耐庵是中国文学史上伟大的小说家，其代表作《水浒传》是中国古典小说四大名著之一，在中国乃至世界文学史上都占有重要地位。**

## 用功读书

据说，施耐庵出生于一个渔民家庭，家里很贫穷。小时候，施耐庵见别的小朋友都进了学堂，心里很羡慕。后来，父亲见他太想读书了，就借钱让他上了学。施耐庵读书很用功，记性又好，他读过的经书和史书，很多都能整篇背诵。遇到老师提问，他总能对答如流。

有一次，邻居家的一位老人去世了。按照当时的规矩，要请一位文笔好的人写一篇祭文，来表示对死者的哀悼。于是有人就去请李秀才。可是等了半天，李秀才也没来。邻居家的人着急了，就把施耐庵叫来，让他帮着写篇祭文。他刚写好祭文放下笔，李秀才进了门，人们就把文章拿给李秀才看。李秀才惊奇地瞪大了眼睛，称赞道："小小年纪，竟有这等才气，难得啊！"

## 德才兼备　举荐科考

施耐庵长大以后，看了不少民间流传的杂书，特别是关于历代兴亡和战争的故事。书中描写的那些重义气、舍己助人、武艺高强的英雄，让他十分敬佩。他也学着英雄大侠的样子，经常舞刀弄棒，练习武艺，还为遭受冤屈的百姓仗义执言，打抱不平。施耐庵对父母也很孝敬。父亲生了病，他和妻子守在床边，送水喂药，彻夜不眠。这样，到了参加科举考试的时候，地方官推荐了施耐庵，说他是个品德好、才学

*版画《三打祝家庄》*

*版画《三打祝家庄》是清代的人根据水浒故事所创作的。*

高的读书人。施耐庵在36岁这年的科考中中了进士，被派到钱塘做了个小小的地方官。

宋江画像

水泊梁山的农民起义军领袖宋江，人称“及时雨”、“呼保义”。

## 辞官著书

施耐庵在钱塘为官期间，有一次，一个跟随达鲁花赤（元朝的地方官名）的蒙古人来告状说，有几个汉人打了自己，要求判他们死罪。施耐庵问那几个汉人，他们都说，这个蒙古人干的坏事太多了，大伙儿忍无可忍才打了他。于是，施耐庵放了这几个汉人。达鲁花赤知道后，把施耐庵叫去，对他大声斥责，要他重审这个案子。平日，施耐庵受够了达鲁花赤的气，眼下又见他这样以权压人，蛮不讲理，索性辞官离开了钱塘。

施耐庵来到苏州，开了一个学馆，靠教书为生。苏州是个文化古城，城里有很多书场，说书的艺人们讲古道今，说起历代英雄豪杰的故事绘声绘色。在场的人听得津津有味，一会儿悲哀，一会儿欢喜。施耐庵也常去书场，和小贩、市民们坐在一起听人讲书。他最喜欢听水泊梁山的英雄故事。北宋末年，宋江等人在梁山起义的事，后来经过民间艺人的编讲，流传很广。

1657年刊本《水浒传》

一次，施耐庵在一家书铺里发现有不少手抄的话本（宋元时说书人演讲故事所用的底本），中间夹着一本书叫《宋江三十六人赞》，书中完整地记录了宋江等36人的姓名和绰号。施耐庵如获至宝，立刻买下这本书。此时，他产生一个想法，要把梁山英雄的事编成完整的一本书。于是，他就四处搜集材料，并且动手写了起来。

经过不懈的努力，施耐庵完成了以描写农民起义为中心内容的长篇小说《水浒传》的初稿。正当施耐庵沉酣于笔墨之间时，江南爆发了规模宏大的反元斗争，群雄并起，逐鹿天下。张士诚的反元武装队伍驰骋太湖流域，割据苏州一带。变幻动荡的政局使施耐庵难以静心修改《水浒传》，他经张士诚的部将卞元亨荐举，进入张士诚幕府。但是施耐庵见张士诚胸无大志，知他事不可为，不久便托辞照顾老母，避居兴化白驹镇老家，继续从事自己所热爱的小说创作，终于写出了这部情节曲折生动、流传千古的古典名著《水浒传》。

江苏无锡水浒城

**人物档案**

姓　名：吴承恩
生卒年：约1500年～1582年
出生地：淮安山阳（今江苏淮安市楚州区）
身　份：明代小说家

吴承恩

# 古典浪漫主义小说作家的代表
# 吴承恩
Wu Cheng'en

**吴承恩是明代著名的小说家，他多才多艺，在前人作品和民间传说的基础上，创作出富有浪漫主义色彩的著名长篇神魔小说《西游记》。**

## 科考失意　初撰《西游记》

吴承恩的父亲吴锐原为儒生，喜好读书，凡经史百家，无不浏览，又好谈史谈政，但迫于生计，弃文从商。由于吴锐为人朴实木讷，不善经营，以致家境清寒，被人视为迂阔的“痴人”。在父亲的影响下，吴承恩少年时就爱读稗史小说，喜听奇闻怪事，对文学产生了浓厚的兴趣，但他饱受势利之徒的侮辱，被称做“痴人家儿”。受此刺激之后，吴承恩开始发愤苦学，决心走科举入仕之路，以雪屈辱。

明世宗嘉靖八年（1529年），吴承恩就读于淮安知府葛木所创办的龙溪书院，很快受到葛木的赏识，成为书院里的“法筵人”，然而，他虽有下笔立就之才，却迂疏漫浪，屡试不中。科场的失意使吴承恩转而回到自幼所嗜好的小说上来。与科举无关的奇闻轶事大大开拓了吴承恩的视野，他决意以小说言志，把对社会黑暗、政治腐败的批判寓意在鬼怪神妖的描写之中。

《西游记》中美猴王孙悟空形象

天生具有诙谐戏谑气质的吴承恩对宋元话本《大唐三藏取经诗话》中的孙行者、元杂剧《西游记》中的猪八戒等形象产生了强烈的兴趣。于是他悉心搜集有关唐太宗时僧人玄奘西行取经的有关民间传说、话本、杂剧等，并汲取一些佛教故事、道教传说，约于嘉靖二十一年（1542年）前后撰写成《西游记》的初稿。为了使小说的创作更为完美，吴承恩还游览了云台山等名胜，从大自然奇美无比的景色中获取写作素材。此外，他还向友人李春芳讨教有关的道教故事，以使他的生花妙笔愈呈异彩。

据《西游记》中描述，孙悟空去西天取经前生活的地方是花果山，山上有水帘洞，洞内有天然的石凳、石桌等物。

## 就读国子监

明朝时，每年各地都有一定名额从学业好的生员中推选入国子监肄业，以备选官，称为贡监。嘉靖三十二年（1553年），吴承恩被安排在南京国子监肄业。吴承恩在这里又恢复了青年时代的迂疏漫浪之态。在国子监度过的10余个春秋里，他与旧友朱曰藩以及秦淮河畔的四方文士何良俊、文嘉、黄姬水等交往频繁，诗酒酬唱，砥砺文辞，风流不羁，乐观慷慨。

嘉靖三十八年（1559年），倭寇侵扰淮安，身为南京国子监祭酒的沈坤组织乡民抗倭，年过半百的吴承恩欣然响应，为沈坤出谋划策，使得抗倭战争取得了很大的胜利，但此时明朝国力空虚，朝纲败坏，官兵到处搜刮，民不聊生，一时的胜利也未能扭转明朝走向末路的大势。

## 重修《西游记》

嘉靖四十五年（1566年），年过六旬的吴承恩终于以贡生资格谋得了长兴县丞一职，与知县归有光甚为相得。归有光是著名的文学家，他们两人经常诗歌唱和，谈文说史，兴趣盎然。但好景不长，因改革征粮办法一事两人产生误会。这件事使得一直在仕途与归隐之间矛盾的吴承恩彻底斩断了做官的念头。吴承恩似乎悟出了人生的哲理，看破了社会的黑暗，于是，他决定以自己对生活丰富且复杂的感受，重新修改充实《西游记》，为后人留下一份不朽的文学遗产。

此图描绘了孙悟空大闹天宫的场景。

吴承恩以其丰富的想象力创造了一个绚丽缤纷、神奇诡谲的神魔世界，但字里行间又充满了对现实生活的映照和讽喻。在笑谑嘲骂之中，寄寓他对当时政治黑暗、世风污滥的愤懑与不平。

大约在明神宗万历十年（1582年），又老又穷且无儿无女的吴承恩在淮安城的陋巷中悄然离世，他自己所谓的游戏之作《西游记》却使他名垂不朽。

**人物档案**

姓　名：曹霑

生卒年：约1715年～1763年

出生地：江宁（今江苏南京）

身　份：清代小说家

**宝黛读西厢**

*《红楼梦》中描述，宝玉偷读《西厢记》时，被黛玉撞见，两个知音人便一起痴读起来。*

# 文学史上的旷世奇才
# 曹雪芹

Cao Xueqin

**曹雪芹是清代最伟大的文学家。他呕心沥血，披阅十载，增删五次，精心构撰了巨作《红楼梦》。《红楼梦》的艺术成就达到了中国古典小说的最高峰。**

## 曹家的兴衰巨变

曹雪芹的始祖原是汉人，明末入满洲正白旗。其祖上曾是清朝摄政王多尔衮内务府的上三旗包衣，之后，曾祖曹玺成为顺治帝的亲信侍臣。1663年，曹玺被任命为江宁（今南京）织造监督，负责掌管皇帝及宫内所需的各种织物的织造、采购、供应等事宜。康熙五次南巡，有四次以他家为行宫，那时曹家的声势显赫无比。但到了曹雪芹的父亲曹頫这一代，由于宫廷内部的倾轧、斗争，康熙的儿子们在其死后争夺皇位，曹頫也被卷了进去，等到胤禛即位成雍正帝后，借口曹頫在江宁织造任内累年失职亏空，削去曹頫江宁织造的官职，又抄没了其家产。曹家受此重大打击，从此开始衰颓。曹頫只好带领全家从南京回到北京。此时，曹雪芹尚在襁褓之中。

## 痴迷于读“闲书”的少年

曹雪芹七八岁时，家里给他正式设馆，让他学习四书五经。曹雪芹从心里对这些枯燥乏味的知识感到厌

**大观园局部图**

*这幅图展现了蘅芜园、凹晶馆、蓼风轩、牡丹亭以及凸碧山庄五处不同场景，共绘173人。*

烦，他向往的是爷爷大书库里那些前人的诗集、文集中美妙的词曲歌赋和动人的戏剧小说。他一有空就偷偷跑到书库里躲起来，读屈原、庄子、嵇康、阮籍等人的著作，往往一读就是一天。

“金陵十二钗”之《探春垂钓图》

有一回，曹雪芹偷偷地从书库中拿出汤显祖著的《牡丹亭》，躲到假山背后如饥似渴地读起来。读到动情处，他好像变成了剧中人物，时而唉声长叹，时而引吭高歌。他深深为杜丽娘和柳梦梅纯洁高尚的爱情所感动。读到杜丽娘“感梦而亡”时，他竟禁不住失声大哭起来。正巧，曹雪芹的叔父由西园经过，听到传来的哭声甚是奇怪，便命人四下找寻，结果发现竟是自己的侄儿在这里读“闲书”着了魔，发起“傻”来。于是叔父便拉着曹雪芹去见曹頫，曹頫不由分说，叫家人将曹雪芹拉回厅内就是一顿痛打，大骂曹雪芹是“不成器的东西”。

## 呕心沥血著《红楼梦》

曹家兴隆衰替，在曹雪芹的心灵里留下可怕的印象，他开始对整个封建社会产生了怀疑。由于曹雪芹才华横溢，又有一副“傲骨”，所以他不甘居于人下，为封建统治阶级役使。为此，大约在1754年前后，他毅然离家出走，居于北京西郊的一个荒僻山村里，把郁结的情感、悲剧的体验、诗话的精神、卓越的才华全部熔铸到这部呕心沥血的旷世奇书——《红楼梦》里。

曹雪芹在世界文学史上的地位与成就，比之于莎士比亚、歌德、巴尔扎克、普希金、列夫·托尔斯泰都毫不逊色。

尽管这时一家人已经陷入“蓬牖茅椽，绳床瓦灶”的困境，生活上“举家食粥酒长赊”，甚至要靠借债和友人接济度日，但这些困难都被他以惊人的毅力一一克服了。据说，他写《红楼梦》时，没有钱买纸，就把旧年的皇历拆开，把书页反过来折上，订成本子，字就写在皇历的背面。在他写《红楼梦》的过程中，妻子谢世，爱子夭折，悲伤使他成疾，然而在贫病无力求医的情况下，他还是继续着他的艺术生命，“披阅十载，增删五次”，耗尽心血。

《红楼梦》是中国古代小说中最伟大的作品，创造出贾宝玉、林黛玉、王熙凤、薛宝钗等成功的艺术形象。在《红楼梦》中包含了曹雪芹自身的家族和个人背景，以及他对人生的认识，因此可以说这是一部天才的巨作。

**人物档案**

姓　名：周树人
生卒年：1881年～1936年
出生地：浙江绍兴
身　份：现代文学家

鲁迅

# 唤醒国人灵魂的文学斗士

# 鲁迅

Lu Xun

**鲁迅是中国现代伟大的文学家，他以深邃的思想和犀利的笔锋，无情地揭露了社会的黑暗，被誉为中华民族的“民族魂”。**

## 求学经历

鲁迅出身于绍兴城里的一个封建家庭。他从小受到严格的教育，很早就开始读书。12岁的时候，鲁迅进了绍兴城有名的三味书屋学习。1898年，鲁迅离开家乡，先后进入南京水师学堂、铁路矿务学堂学习。1902年，鲁迅赴日本留学，开始在东京弘文学院学习。随后，他认为新医学是一门有用的学问，中国人体质差，学医可以为人治病，救死扶伤，所以就转到仙台医学学校学医。可是后来，他觉得再高明的医师也只能医治同胞的肉体，而无法医治同胞的灵魂；只有振奋中国国民的精神，让沉睡的祖国惊醒起来，才是当务之急。唤醒民众最有效的手段是什么呢？是文学！于是鲁迅决定放弃医学，转向文学。

*鲁迅公园里的鲁迅雕像*

*1986年10月，在鲁迅先生逝世50周年之际，青岛市全市青年捐款修建了3米高的鲁迅先生花岗岩雕像，寄托了人们对鲁迅先生的无限崇敬与怀念。*

## 以笔为武器

当提倡科学与民主和反帝反封建的新文化运动刚揭开序幕时，鲁迅就用他犀利的杂文和新颖的小说为新文化运动呐喊奔走，成为新文化运动的先驱和旗手。1918年5月，鲁迅在《新青年》上发表了第一篇用白话文写的小说——《狂人日记》。之后，鲁迅又连续创作了许多短篇小说，如《孔乙己》《故乡》《阿Q正传》等，其中《阿Q正传》影响最大。鲁迅在后半生没有创作小说，而主要是写杂文。他的杂文在我国文学史上像一颗颗光辉夺目的明珠，受到人民的喜爱。

鲁迅是中国历史上第一个以文学创作为武器的文学家，他在所有的作品里都对中国黑暗社会的种种丑恶现象进行了无情的批判，他清醒的战斗精神唤醒了无数的中国人，被后人誉为中华民族的“民族魂”。

[第七章] Part 7

# 艺术巨匠

人类社会不断变迁，不变的是那魅力恒久的文化艺术。在华夏泱泱数千年的历史长河中产生的一大批艺术巨匠，他们用书法、绘画和表演记录下了变换的时代与壮丽的河山。而让我们记住这些名字的原因，不仅仅是那一幅幅艺术作品，那独具魅力的表演，还有他们洒脱的性格、脱俗的气质、高尚的气节和那一个个鲜活耀眼的灵魂。王羲之撰《兰亭序》，挥笔间，写就“天下行书第一”；吴道子绘“当风”衣带，飘飘然雍容华贵，尽显大唐风范；梅兰芳集京剧之大成，台上一举手一投足，生动再现剧中人物的妩媚动人，亦幻亦真……历史不会回头，艺术却能传承万年而不朽。

**人物档案**

姓　名：王羲之
生卒年：303年～361年
出生地：琅琊（今山东临沂）
身　份：东晋书法家

王羲之

# 一代“书圣”王羲之

Wang Xizhi

**王羲之是东晋著名书法家，被后人尊奉为“书圣”，其书法作品风靡于世。他大胆突破自秦汉以来肃穆、庄严、整齐、古拙的书法风格，创造了极富神采的“王体”字。**

## 勤练书法

王羲之从7岁起就开始学习书法。他的老师卫铄是个很有名气的女书法家，人们称她卫夫人。卫夫人很喜欢王羲之这个聪明的学生，不但尽心地教他练字，还常用前人练字的故事来鼓励他。

一次，王羲之问卫夫人：“我怎样才能快点把字练好？”卫夫人看到王羲之急切的样子，就说：“孩子，不要急，我先给你讲个墨池的故事吧！东汉的时候，有一个名叫张芝的人。他为了练好字，天天在自家门前的池塘边，蘸着池水研墨练字。字写完了，就在池塘里洗涮笔砚，日子一久，洗出的墨汁把整个池塘都染黑了。后来，他的字越练越好，写的草书笔势活泼流畅，富于变化，大家都管他叫草圣……”王羲之一边听着张芝的故事，一边想：“为了练好字，张芝洗笔砚洗出的墨汁把池塘都染黑了，他下的工夫多大啊！要是自己也像张芝那样刻苦，一定也能把字练好。”

从那以后，王羲之练字更加努力了。他也像张芝那样，每天练完字，就到门前的池塘里洗笔砚。时间一长，原来清澈的池塘也变成了墨池。后来，王羲之每搬到一

王羲之书写的《兰亭序》为历代书法爱好者所珍爱，米芾誉之为“天下行书第一”。

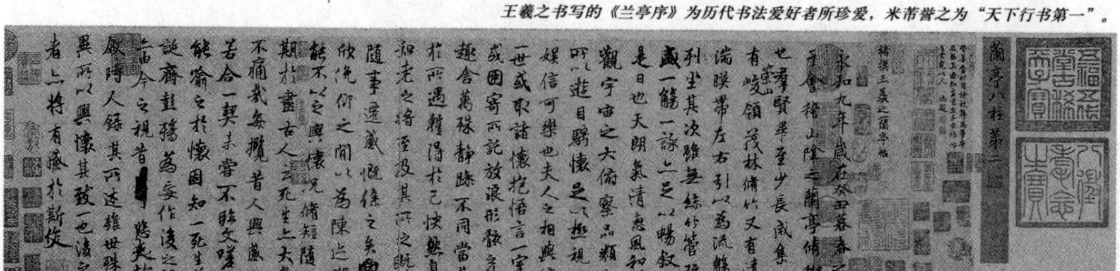

处，都要在门前的池塘里洗笔砚，留下的墨池比张芝的还要多。

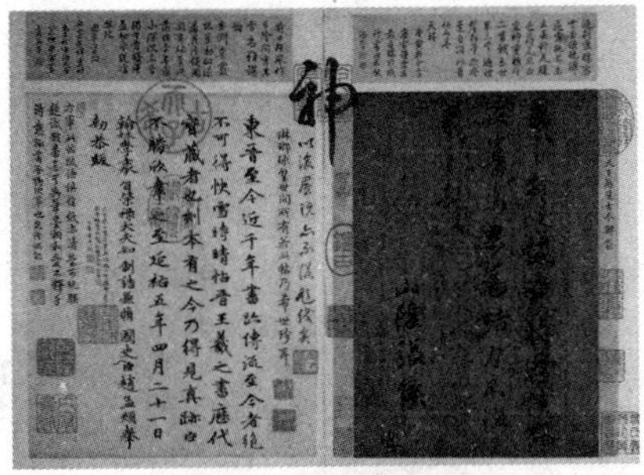

王羲之《快雪时晴帖》

## 博采众长　终成大家

王羲之在跟卫夫人学习书法以后，又学习了张芝的草书、钟繇的楷书，可是他觉得还不够，决心向更多的书法家学习，把别人的长处统统学到手。后来，他先后到武昌、九江等地做官。每到一地，看到前人留下的碑文、题字，他总要细心地临摹下来，一有空就拿出来看，认真地琢磨体会其中的特点。

王羲之练字已入了迷，在路上行走或是坐下的时候，也不忘揣摩字的间架结构、气势和运笔的方法。他一边想，一边就用手指在身上横一笔竖一道地划，日子久了，衣襟都被划破了。由于王羲之肯下功夫苦练，他的手腕变得很有劲，运起笔来十分有力。传说有一次，他在一块木板上写了几个字，刻字的工匠拿去刻字的时候发现，墨迹竟深深地渗透到木头里，足有几毫米深呢！

王羲之的书法刻本很多，像《乐颜论》《黄庭经》《东方朔画赞》等楷书作品，在中国古代书法史上都占有重要位置。他的行草书传世墨宝有《寒切帖》《姨母帖》《初月帖》等十余种。这些墨宝虽然是唐人摹本，但也都不失为难得的珍品。他的行书《快雪时晴帖》虽然只有二十四个字，但仍被乾隆皇帝列为《三希帖》之首，可见其艺术水平之高。

王羲之的书法对古今中外都产生了深远的影响。他的作品在海内外均受到人们的喜爱和崇拜。自唐时起，王羲之的书法作品就频繁东渡日本，对日本书体书风产生了深刻的影响，从而有力地促进和推动了日本乃至亚洲书法的发展。

提到王羲之的书法艺术成就时，《兰亭序》不可不说。东晋永和九年（353年）农历三月三日，王羲之同谢安、孙绰等四十余人在绍兴兰亭行“修禊”之典（一种驱除疾病和不祥的集会活动）时，他即兴挥毫作序，写出著名的《兰亭序》。此帖为草稿，共二十八行，三百二十四字，记述了当时文人雅集的情景。王羲之微醉作文，写得潇洒自如。《兰亭序》中有二十多个“之”字，写法全不相同，各具特色风采，一时传为佳话。

王羲之的书法之所以受人推崇，主要是由于其不拘泥于前人，富于创造性。他“兼撮众法，备成一家”，创造了自成一家的“王体”，为后代书法发展开辟了新的天地。

**人物档案**

姓　名：顾恺之

生卒年：约348年～409年

出生地：晋陵无锡（今江苏无锡市）

身　份：东晋画家

顾恺之

# 东晋才艺全能画家
# 顾恺之
Gu Kaizhi

**顾恺之多才多艺，诗、书、画皆精通。他以山水为主题，开创了绘画史上山水画的先河。**

## 为母画像

顾恺之出身于晋陵无锡一个富庶的官宦之家，其祖父和父亲都曾在朝为官。顾恺之从少年时代起便受到了良好的教育。在他很小的时候，父亲就请人教他读书、写字；稍大一些，就教他写文作诗。少年时代的顾恺之聪明好学，渐渐地便具备了一定的文学艺术修养。随着年龄的增长，顾恺之对绘画产生了浓厚的兴趣。

顾恺之善于画人物，尤其擅长画女人，这与他的孝心有关。顾恺之一出世，母亲就离开了人间。他懂事后，心中总是想着母亲长得什么模样，并且一次又一次地向父亲问起母亲的脸庞、身材如何。听了父亲的回答后，他心中有了母亲的身影、脸型。他发誓要把母亲的像画出来。于是，他经过反复琢磨修改，花了近一年的时间，终于完成了一幅自己满意的母亲画像。当他把画像送到父亲面前时，父亲拿着母亲的画像看得舍不得放下，说："太像了！尤其眼神最像。"

顾恺之就这样通过勤学苦练，到20岁时，他就已成为著名的画家了。

顾恺之为母画像。

## 点睛之笔　筹款百万

顾恺之画画主张传神，重视"点睛"。有一年，建康（今南京）城新建的瓦官寺住持因募集不到资金而一筹莫展。这时，顾恺之找到住持，说要捐钱一百万。他提出要在一面粉刷好的墙壁上画一幅维摩诘像，住持可从前来观画人那征集到捐款。住持将大殿西壁准备好之后，顾恺之闭户一个多月，精心绘制了一幅没有眼睛的维摩诘像。由于他的画技高超，很快吸引了很多人前来观看。将要画眼睛的时候，他对住持说："第一天来看画的人，请他捐十万；第二天来看画的人，捐钱五万；第三天随意布施。"等到开寺的时候，顾恺之信笔"点睛"，顿时维摩诘像神采飞扬。很快，他就为寺庙募集到了一百万钱。

《洛神赋图》局部

《洛神赋图》保留着魏晋六朝画风，以浪漫主义手法表现了人神间的爱情故事。

## 不懈追求　创山水画

顾恺之出仕后，曾在大司马桓温手下任参军。由于他聪明机敏，很受桓温器重。在任职期间，顾恺之因公务出行，到过四川、湖南、江苏、浙江等地，饱览了祖国的名山大川。大自然的壮美辽阔与各地风土人情深深地打动了他，更增添了他画山水景物的兴趣。后来，顾恺之拜人称"江南画家之祖"的卫协为师，在学习之余自己还不断刻苦钻研。

此后，顾恺之的绘画技艺迅速提高，渐入佳境。顾恺之受卫协的影响很深，但又有所发挥和创造。顾恺之虽然以画人物肖像为主，但也画了许多神仙、佛像、禽兽、山水等，尤其在山水画方面最富有创造性。在我国晋代以前，画家一般是不单独画山水画的，山水只是作为人物的衬影。顾恺之在绘画创作上进行了大胆的尝试，他以山水为主题作画，开创了绘画史上山水画的先河。

顾恺之作画重视传神，注重线条的流畅，其画法被称为"游丝描"。

据史料记载，顾恺之的作品大约有七十件，题材广泛，有人物仕女、神仙佛像、山水禽兽等，但由于年代久远，大部分画卷都已失散，令人惋惜。他的作品现存的极少，只有《女史箴图》《洛神赋图》和《列女仁智图》等几件摹本流传。

此外，顾恺之所作的许多诗、赋和游记都颇负盛名，比较有名的有《冰赋》《观涛赋》等，他描写浙江会稽山水之美的名句："千岩竞秀，万壑争流；草木蒙笼其上，若云兴霞蔚"，一直流传至今。

**人物档案**

姓　名：吴道子
生卒年：约686年～约760年
出生地：阳翟（今河南禹州）
身　份：唐代画家

吴道子

# 一代“画圣”
# 吴道子
Wu Daozi

**吴道子的画艺代表了唐代绘画艺术发展的最高峰，他被世人称为“画圣”。他的画风飘逸潇洒，有“吴带当风”之美誉。**

## 出身贫寒　潜心作画

吴道子幼年失去双亲，生活贫困。为了生计，他便向民间画工和雕匠学艺，熟谙画理。他最初曾从师于张旭、贺知章，研习书法，但未能有所建树，后改学绘画，未及弱冠之年，就已“穷丹青之妙”了。

吴道子虽然一心想作画，但为生活所迫不得不谋求生计。他先在韦嗣立幕下做小吏，然后又在一个小地方任县尉。后来他决定到当时经济、文化中心之一的洛阳去。此后他便开始了浪迹洛阳的生活。在洛阳的这段时间，吴道子潜心于寺院道观的壁画创作。很快，他的名声就传遍了洛阳城内外。虽然如此，他的社会地位依然很低下。

*《维摩诘像》*
*以吴道子绘画风格描绘的维摩诘形象是最生动传神和最具代表性的。*

## 宫中作画

713年，唐玄宗召吴道子至都城长安担任宫廷画师，为他改名道玄，并命他“非有诏不得画”。从此，吴道子结束了浪迹生活，在宫中作画，有时也随驾出巡作画，开始了辉煌的艺术生涯。

吴道子成为御用画家后，不能擅自作画，这一规定限制了他的艺术发展，尤其限制了绘画题材的发展空间；但从另一方面看，吴道子却得到了最优厚的创作条件，可以安心提高画技。

当时的都城长安是全国的文化中心，城里汇集了许多著名的文人和书画家。吴道子经常和这些人在一起切磋交流，这使他的技艺提高很快。天宝年间，唐

《八十七神仙图》局部

《八十七神仙图》中的人物神情各异，活灵活现。此画堪称吴道子“以形写神”的一大杰作。

玄宗因为喜爱四川的山水，特派遣吴道子前去写生。吴道子漫游嘉陵江，那里秀美的景色令他心旷神怡，他把一切体会和感受都铭刻在了心间。

返回京城后，唐玄宗问他绘画的情况，他就直截了当地回答，自己没有画底本，而是把它们全部记在了心里。唐玄宗便令他在大同殿壁上描绘嘉陵山水。

吴道子根据心中所记所感，极为迅速地画出了嘉陵江上三百余里的美丽风光。而在此之前，善于画山水的画家李思训也曾在大同殿上画过山水，不过他是接连画了几个月。所以，吴道子的画画好了之后，唐玄宗不禁称赞道：“李思训数月之功，吴道子一日之迹，皆极奇妙。”这则故事也成为绘画史上脍炙人口的美谈。

## 吴带当风

吴道子喜欢与文人墨客交往，又常游历各地，积累了丰富的绘画经验和绘画题材。在绘画上，他远师张僧繇，近法张孝师，兼善各类题材，尤以绘制宗教壁画和宗教人物画而著称。吴道子的画作数量很大。据载，他所作寺廊壁画有三百余堵，有记录的卷轴画达一百多件，此外，还有大量的山水画、花鸟画等，可惜今已无存。

吴道子的真迹，宋代已难见到，流传至今的重要摹本《天王送子图》可能为宋人所摹，一般认为比较接近吴道子风格。其他摹本有《宝积宾伽罗佛像》《道子墨宝》，敦煌莫高窟第一百零三窟的维摩诘像亦可见他的风格。

吴道子的绘画技巧相当纯熟，据说他画丈余的人像，即使从手臂或脚部开始画起，也能画出完整生动的艺术形象；他画佛头部的圆光，转臂运笔，一笔而成。更绝的是他画人物的衣带，飘飘欲举，让人有微风拂面的感觉，故他的画风有“吴带当风”之美誉。吴道子的画风、画技对后世影响极大，因此他被人们尊称为“画圣”。

吴道子常年游历各地，积累了丰富的绘画经验和绘画题材。

**人物档案**

姓　名：张旭
生卒年：生卒年不详
出生地：吴郡(今江苏苏州)
身　份：唐代书法家

张旭

# 一代“草圣”
# 张旭
Zhang Xu

**张旭是唐代书法家，他继承和发扬了“二王”和张芝的草书之法，创造出潇洒磊落、变幻莫测的狂草，被后人称为“草圣”。**

## 爱好书法　勤学苦练

张旭少年时即好书法，他继承和发扬了张芝、王羲之和王献之的书法，以草书成就最高。他以继承“二王”的传统而自豪，字字有法；另一方面，他在效法张芝草书的基础上，创造出潇洒磊落、变幻莫测的狂草，其状惊世骇俗。

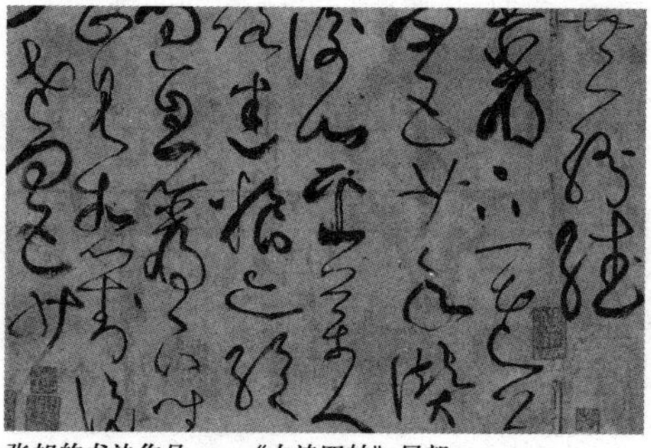
张旭的书法作品——《古诗四帖》局部一

张旭热衷于书法，他把满腔情感倾注在点画之间，旁若无人，如痴如醉，如癫如狂。开元年间，张旭任常熟县尉。他为人正派，为官耿廉，事必亲问，执法很严。可这样，他就没了写字的时间，不能“因字废政”，也不可“因政废字”。为此，张旭想出了个两全其美的办法：公堂练字，判案批文，权当练字！

没有几天，一老者以鸡毛蒜皮之事前来告状。张旭问明情况、弄清是非后，当堂提笔写就判词，了结此案。老者接过判词，面露喜色而去。可是，没过几天，老者又来投状，观之，仍是些小事。如此几次三番，张旭不免恼火，欲以扰乱公堂之由将老者轰出衙门。老者见张旭动怒，才道真情：“小民实非为诉讼而来，只因知你书法极妙，乃以告状为名，骗你墨宝。”张旭闻言，方知遇着知音，立即问道：“你家中可有书法佳作？”老者答：“吾父亦喜书法，生前多有收藏，且有著述。”张旭喜出望外，忙向老者借阅。日后张旭细心临摹琢磨老者先

张旭的书法作品——《古诗四帖》局部二

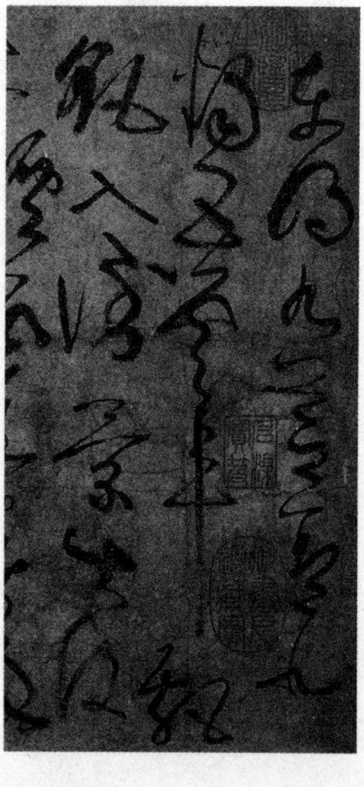

父的墨迹，从中获益匪浅，书艺益进。

## 绝妙“发书”　独树一帜

据载，张旭嗜酒成性，饮酒后还常常把头发浸在墨汁里，蘸饱墨后用头发书写。他的“发书”飘逸奇妙，异趣横生。

一天，张旭和好友贺知章饮酒正酣，家人来报：“国舅杨国忠来见。”张旭未放下酒杯，哈哈大笑道：“他是高门权贵，见我干啥？就说我在饮酒，没有空。”张旭只顾饮酒，哪知杨国忠仗着皇亲地位，已经摇摇摆摆地进来了。张旭冷冷问道：“你……你来干啥？”“我来请草圣给写几个字。”“行，不过得有劳你把那盆水研成墨，我方替你写。”杨国忠为了得到张旭的字，只得放下架子，亲自研墨。墨磨好后，张旭站起身，把纸挂在墙壁上。说时迟，那时快，只见张旭奔到盆旁，以发蘸墨，在壁上狂草。一会儿，字写完了，张旭喘着气说：“杨国舅，拿……拿去吧！”说罢，他倒在床上酣睡过去，呼呼有声。杨国忠看着纸上的字，气得脸红脖子粗，一下撕了下来，骂道：“简直是个癫子！”他随手把纸揉了，扔到门边，径自去了。第二天，张旭酒醒，与贺知章一同欣赏被遗弃的“发书”，认为它神妙无比，视若珍宝。

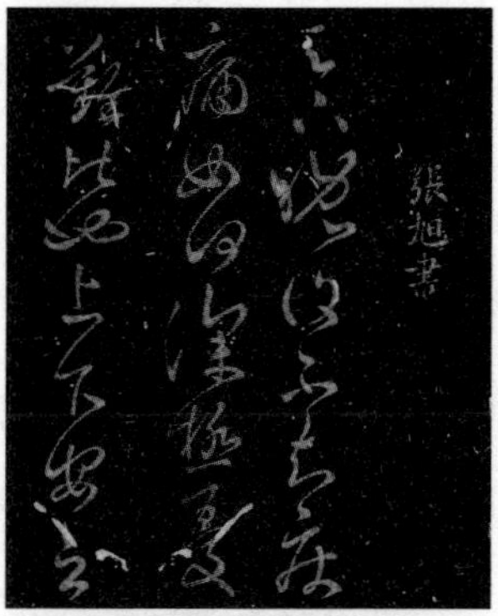

张旭的书法作品——《晚复帖》

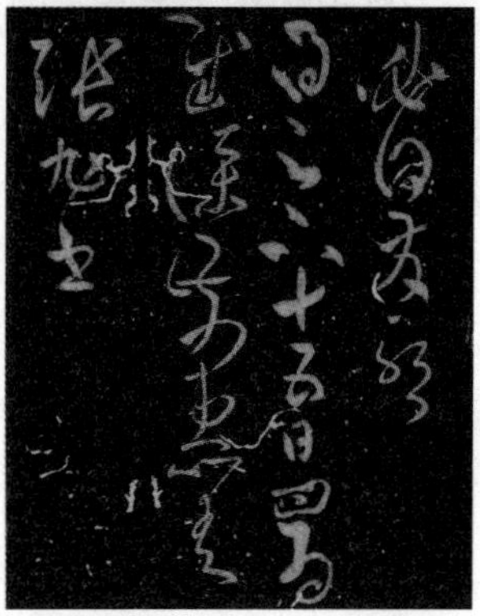

张旭的书法作品——《十五日帖》

## 发展草书　人称草圣

张旭的艺术成就在于不仅将草书艺术发挥到了极致，更重要的是他将书法的继承与发展完美地结合在一起。他的楷书以继承为主，工整严谨；草书在前人的基础上发扬光大，潇洒不羁，开创了一个全新的艺术天地，为后人所景仰。

张旭的书法作品——《千字帖》

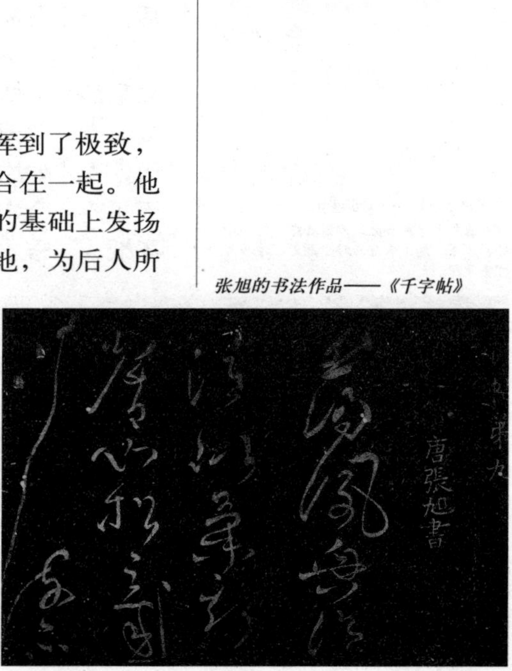

张旭把当时流行的“今草”书体，发展成为笔法放纵、字形繁多且充满变化的“狂草”体。张旭“狂草”书法的出现，打破了中国汉字的基本构成。虽然大部分人难以辨认出字形，但正是这种连神鬼都不可端倪的“雄逸天纵”书法，成了人们为之倾倒的艺术。张旭把中国书法推到了纯艺术的高峰，成为中国狂草书体的奠基人，被后人誉为“草圣”。

**人物档案**

姓　名：米芾
出卒年：1051年～1107年
出生地：山西太原
身　份：北宋艺术家

# 独创“米点”画法的书画家

# 米芾

Mi Fu

**米芾是中国北宋时期著名的艺术家，他在书法、绘画领域都取得了突出的成就，与苏轼、黄庭坚、蔡襄合称为“宋四家”。同时，他还擅长鉴赏，他的诗文也很精妙。**

## 领悟学习之道

米芾6岁时已熟读诗百首，7岁学书，10岁写碑，21岁步入官场，被誉为早熟的怪才。据说他小时候在一所私塾里学习书法，学了三年也没学成。

有一天，一位进京赶考的秀才路过米芾的家乡。米芾听说这位秀才对书法很有研究，便拿着自己平常练写的字去向他请教。秀才认真看过米芾的字后，若有所思地说：“要跟我学写字就得买我的纸，一张纸5两银子。”虽然米芾心想哪有这么贵的纸，但学习书法异常心切的他，还是回去想方设法筹集了5两银子，向秀才买了一张纸，同时，约定三天后，秀才去米芾家看他新写的字。

可是，米芾回到家里，却舍不得用这么贵的纸写字，只是翻开字帖，用没蘸墨的笔在桌上对照字帖划来划去，反复琢磨。三天很快就过去了，米芾还没在纸上写一笔。第四天，秀才如约来到米芾家，见他一字未写便问道：“怎么三天了连一个字也没写呀？”米芾说：“我怕写不好，浪费了纸。”秀才笑了笑说：“你对字帖已琢磨了三天，现在写个字给我看看。”

米芾当即提笔写了个“永”字。秀才一看，便问道：“为什么三年学不会，这次三天却能学好呢？”米芾回答说：“因为纸贵，我舍不得在纸上写。这三天就反复琢磨字帖，想把字帖都琢磨透了再写在纸上。”秀才高兴地说：“你已经领会写字的窍门了。”说完提笔在“永”后面添了七个大字，连成“永志不忘，纹银五

*米芾的作品——《衰老帖》*

*《衰老帖》笔画雄健，力透纸背，细劲处矫若游龙，健骨丰盘，转折肥美，为米芾得意之作。*

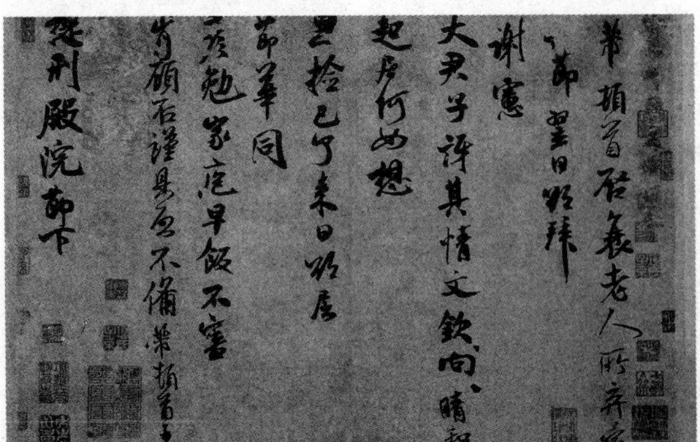

两”。随后他从怀里掏出5两银子，还给米芾便走了。

## 研习书画

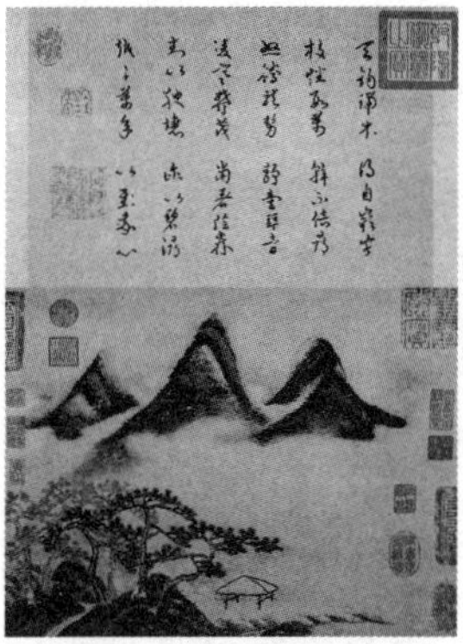

米芾所作的《春山瑞松图》
米芾的山水画出自董源，天真烂漫，不求工细，笔法清秀，墨色雅淡，开一代文人山水画的新风。

米芾领悟学习之道后，开始临摹颜真卿、柳公权、王羲之、王献之的书法作品，学习隶书、篆书以及钟鼎文。在长期的临摹过程中，他临摹过的古人书法已能达到以假乱真的程度。

米芾书写时十分认真，米芾自己说：“余写《海岱诗》，三四次写，间有一两字好，信书亦一难事”(明范明泰《米襄阳外记》)。一首诗，写了三四次，还只有一两字自己满意，由此可见他创作态度的严谨。

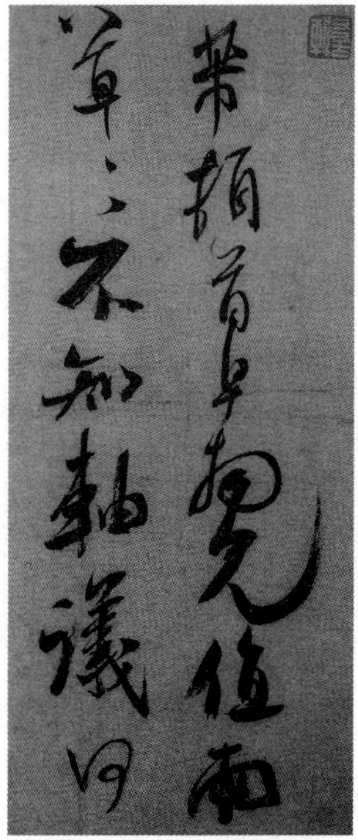

米芾的书法作品——《值雨帖》

在书法上，米芾是一个既精研前人传统，而又摆脱前人樊篱，具有自己独特风格的书法家。其书体潇散奔放，又严于法度。《蜀素帖》和《苕溪诗帖》是他早期的代表作。另一方面，米芾又独创山水画中的“米家云山”之法，善以“模糊”的笔墨作云雾迷漫的江南景色，用大小错落的浓墨、焦墨、横点、点簇来再现层层山头，世人称之为“米点”。其手法为后世许多画家争相仿效。

## 即兴作诗

米芾为人博雅好古，言行举止都流露出特立独行的作风。世人皆以之为奇，士大夫们给了他“米癫”的雅号。

一天，宋徽宗驾幸后苑，恰好是春天时分，鸟语花香，景色宜人，护驾队伍严整。宋徽宗很高兴，就宣召米芾前来，对他说：“我知道你善于书写大字，你就为朕书写一轴吧。”米芾连忙谢恩，挽起袖子，拿笔饱蘸墨汁，神情潇洒，旁若无人，书写了20个大字进献给宋徽宗。这20个字是他即兴作的一首诗：“目眩九光开，云蒸不起雷。不知天近远，亲见玉皇来。”不仅字写得非常好，诗意也很贴切，宋徽宗见了，十分高兴，重重地赏赐了米芾。

米芾是一个有真才实学的人，对书画艺术的追求达到了如痴如醉的境地，因此在别人看来显得与众不同。他那不入凡俗的个性和怪癖，也许正是他成功的基石。

米芾拜石图

人物档案

姓　名：赵孟頫

生卒年：1254年～1322年

出生地：湖州（今属浙江吴兴）

身　份：元代书画家

赵孟頫

# 多才多艺的画坛领袖

# 赵孟頫

Zhao Mengfu

**赵孟頫多才多艺，兼擅绘画、书法、诗文、篆刻。他创建了文人画特有的表现形式，开创了以文人画家为主的新时代，影响甚为广泛。**

## 勤学苦练

赵孟頫5岁时，就开始练书法，几十年间，总是每天清晨起床，盥洗完毕后，点好香开始练字。一天少则练几千字，多的时候要写上万个字。早年他临摹隋朝和尚智永的《千字文》和王羲之的《兰亭序》。据说，《千字文》曾被他临摹了无数遍，达到了以假乱真的地步。

据传，有一位叫田良卿的书法家，从街市上买到一卷《千字文》，拿回家后他仔细察看，开始以为是唐人的笔法，看到最后，才知道是赵孟頫写的。于是他拿了这卷《千字文》去请赵孟頫题字，赵孟頫认真看过后，笑道："这是我好几年前写的，当时学唐朝书法家褚遂良的《孟法师碑》，因此写成了这样。没想到我随便练习的字，竟被别人拿去卖钱了。"

赵孟頫认为，必须师法古人，然后才有自我，因此他广泛地搜集各种古帖，对各个书法家的字迹全部认真临摹。渐渐地，他吸收了各家的长处，融为一体，形成了自己独特的风格，他的书法被后人称为"赵体"或"赵字"。

赵孟頫二十多岁时，在母亲的鼓励下，开始向当地名儒敖继学习经史，向钱选学习画法，又经过10年的奋发努力，学问大为长进，成为"吴兴八俊"之一，声闻遐迩，达于朝廷。

*《浴马图卷》局部*

*一湾池水，奚官9人，数马散卧溪边，古雅中兼有逸趣，集中体现了元代"文人画"特色。*

## 画坛领袖

《秀石疏林图》

《秀石疏林图》的画风近似苏轼的《枯木竹石图》，但用笔更为流畅、迅速。

自元世祖至元二十三年(1286年)赵孟頫入仕为官后，虽然公务上的繁忙占去了他不少时间，可他并没因此耽误自己的书画练习。相反，这时期的赵孟頫无论是书风还是画风都渐渐成熟起来。

在绘画上，赵孟頫取法唐及北宋，工笔、写意、重彩、水墨无所不能，他的绘画讲求表达思想内涵，如所绘马图，乃是借千里马不得志，只能充当皇家禁苑里点缀太平的宠物，来抒写自己羁栖元廷、不得重用的尴尬处境。他的墨竹，则表白自己的清高；山水画含有寄趣林泉、向往自由的情感。为了使画面寄托更多的思想，他还含蓄地题诗作跋，将文人画的表现形式推向新的高峰，书卷气更为浓郁。

作为美术理论家，赵孟頫在《松雪斋集》中主张“以云山为师”，“作画贵有古意”和“书画同源”，为文人画的创作奠定了理论基础。在赵孟頫创作的画中，《秀石疏林图》是一幅最具代表性的作品。

## 多才多艺

除书画外，赵孟頫还擅长诗词，精通音乐，并在篆刻艺术、鉴定古器物上皆有一定的成就。

赵孟頫对书法篆、隶、楷、行、草，无所不精，他所作的诗文，清俊有致，记事、抒情相得益彰。《松雪斋集》中收集了他作的四百余首诗歌，其风格流转圆润，大多表达了他对祖国山川景物的热爱和追求自由的情感。

赵孟頫还善于填词，其风格和婉，格律优美，典雅清丽。除诗文词赋之外，赵孟頫还专门学习了儒家经史典籍，曾对《尚书》进行过专门研究，收集《尚书》今文、古文及前人注解，编成《书今古文集注》一书，以表达自己想复兴儒学的思想。他还针对儒家礼崩乐坏的事实，专研音乐，自操“大雅”古琴，探究琴理声学，著《乐原》、《琴原》，对乐律作了总结。

赵孟頫还是篆刻高手，他汲取汉魏古朴典雅质朴之风，融以当时流行的九叠篆书体多变之美，而形成柔中有刚的“圆珠体”（亦称“元朱体”），以其明显的时代特色而在元初印学史上占有一席之地。像赵孟頫这样具有多方面艺术才能和文化修养的书画家，在中国美术史上是十分罕见的。

《洞庭东山图》

赵孟頫所作的《洞庭东山图》代表了他那青绿山水画的风格。此画构图力求平淡自然，意境宁静恬淡，画法追宗董源、巨然，笔致柔和清润，富有婉约、放逸的意韵，开元代文人画的先端。

**人物档案**

姓　名：唐寅
生卒年：1470年～1523年
出生地：吴县（今江苏苏州）
身　份：明代著名画家、诗人

唐寅

# 江南第一才子
# 唐寅
Tang Yin

唐寅能诗善画，其文才与文徵明、祝允明、徐祯卿齐名，并称为“吴中四才子”；其画才跻身于“吴门四杰”，与沈周、文徵明、仇英齐名。

## 天资聪颖　科场受累

唐寅又被世人称为唐伯虎，他出生在一个商人家庭，从小聪慧过人。他的父亲一心希望儿子能科场成名、出人头地。为了儿子日后的前程，父亲专门请人来教他读书。唐寅从小就表现出与众不同的个人禀赋，但他个性放荡，不肯用功。直到经受了父亲去世、儿子早夭、爱妻病逝的一连串打击后，他才静下心来闭户苦读。

明教宗弘治十一年（498年），唐寅考中江南乡试第一名举人，摘取了“解元”的桂冠，并被学士程敏政赏识，一时之间才名远播。次年，唐寅与好友——江阴巨富徐经一起进京参加会试。不料徐经贿赂主考官程敏政的书童，偷得考题。案发后，唐寅受牵累下狱，饱受拷打。尽管当局者找不到唐寅与程敏政沟通的证据，但终因唐寅受程敏政的赏识而被取消科考资格。

*唐寅所作的《看泉听风图》*
*此图绘崇山峻岭，峭壁陡险，山崖间老树虬曲，枝叶苍茂，二高士端坐石上，看泉听风，悠然自得。*

*唐寅所作的《骑驴归思图》*
*此图是唐寅的创新杰作，既有北派山水的坚实浑厚，又有南派山水的情趣。*

## 千里壮游　卖画为生

唐寅出狱后，绝意仕途。归家后，他纵酒浇愁，游历名山大川，决心以诗文书画终其一生。明弘治十三年（1500年），唐寅离开家乡苏州，坐船到达镇江，从镇江到扬州，游览了瘦西湖、平山堂等名胜。随后，他又坐船沿长江过芜湖、九江，到庐山。游览庐山后，他又乘船溯江而上到了黄州，看到赤壁之战的遗址，感慨万千，绘制《赤壁图》。后他又南行入湖南，登岳阳楼，游洞庭湖，又南行登南岳衡山，再入福建，漫游武夷诸名山和仙游县九鲤湖。唐寅由闽转浙，游雁荡山、天台山，又渡海去普陀，再沿富春江、新安江上溯，抵达安徽，上黄山与九华山。此时唐寅囊中羞涩，只得返回苏州。唐寅千里壮游，历时9个多月，踏遍名山大川，为后来作画增添了不少素材。

返回苏州后，唐寅的家境已变得非常清贫了，于是，他住在吴趋坊巷口临街的一座小楼中，以丹青自娱，靠卖文卖画为生。

唐寅所作的《落霞孤鹜图》

这幅画中描绘了扶疏垂柳间，有一阁依山临水，内有一士眺望天际，杨柳迎风，落霞返照，画境极为清旷。

## 从师学画　不断创作

唐寅在卖画的过程中，与文徵明、沈周、周臣交往甚密，很受启发。沈周和周臣都是当时苏州名画家，沈周以元人画为宗，周臣则以南宋院画为师，两人师从的是明代两大画派。唐寅兼两家画派所长，在南宋风格中融入元人笔法，一时技艺突飞猛进，以至超越老师周臣，名声大振。

唐寅的画风独特而多样，特别是在他的晚年，失意的苦痛以及体弱多病都使他意兴阑珊，只是把自己的思想感情融于绘画之中，画中孤独的高士往往是自己的写照。在这些画中，唐寅一般对近景刻意修饰，把绘画精力用在观者最注目的地方，而对远景却是用笔草草，远处的山峦甚至只是个轮廓，不作任何皴擦。如他晚年所作的《秋风怀旧图》，整个画面给人的感觉是，画家只抒情怀不注意刻画。

唐寅所作的《孟蜀宫妓图》取材于五代西蜀后主孟昶的宫廷生活。

唐寅绘制山水画是从临摹开始的，经历了变革创新的过程后，开始自成一体。他的才情极高，学一样像一样，再加上他没有门户之见，无论是北宋中原画风还是南宋院体，以及江南画派，他都学其所长，为己所用。

另外，唐寅还学习赵孟頫及“元四家”，并与同辈文徵明切磋画艺，博采众长，最终创立了自己的风格，超过了同时代的一些吴门画家。

**人物档案**

姓　名：郑燮

生卒年：1693年～1765年

出生地：江苏兴化

身　份：清朝画家、书法家、文学家

郑板桥

# 艺坛怪杰
# 郑板桥

Zheng Banqiao

**被称为“扬州八怪”之一的郑板桥是一位独树一帜的艺术家，他在书法、绘画、诗文、印石等方面均有建树，其中成就最大的当数他的书法和绘画。此外，他在宦海沉浮12年，深得百姓爱戴。**

## 早年求学

郑板桥出身于一个书香世家，父亲是当地一名私塾先生。郑板桥自幼聪明好学，兴趣广泛。父亲在郑板桥3岁时就开始教他识字、写字；五六岁时，开始教他读诗背诵；6岁以后，教他读四书五经，并要求他抄写熟记；八九岁时，教他作诗联对，还常让他去聆听舅父汪翊文的开导与教诲。直到十七八岁时，郑板桥才离开兴化老家到真州（今江苏仪征县）去读书。

郑板桥所作的《墨竹图》

此画用笔遒劲圆润，疏爽飞动，其中竹所体现出的傲气风骨让人感慨。

郑板桥读书刻苦，而且阅读范围很广。他喜欢历史、诗词、散文等作品。“少年游冶学秦柳，十年感慨学辛苏。”他虽不喜欢考证繁琐的经学，但仍然花很大的工夫去攻读它。他不是个束缚在经书教条中的书呆子，也不总坐在书斋里死读书，而是喜欢走出家门，面向大自然。

20岁时，郑板桥从真州回到家乡，拜陆种园老先生为师。陆种园品行高洁，才华横溢，书法很有个人风格，尤擅长填词。郑板桥就跟他学习填词。与此同时，郑板桥还结交了许多诗朋画友。由于郑板桥天分较高，学习勤奋刻苦，再加上名师尽心指点，很快他在绘画、书法、作诗、填词诸方面都有了名声，成为当时兴化县有名的秀才。

这时的郑板桥将兰、竹、石已画得十分出色了，并且随着阅历和年龄的渐长，这些自然物在他的笔下越来越显得不同凡响。尤其是竹，“劲节可风，潇洒不俗”，时时引起画家的共鸣。

## 一方为官　造福百姓

郑板桥所作的《兰竹石图》

此图巨石峥嵘突兀，一簇簇兰竹舒展而出，兰叶竹叶互为穿插呼应，气韵俨然。

郑板桥自26岁开始，在真州设塾教书。为谋生计，他不得不卖字卖画。他认为诗文画字只有关系着民生疾苦才属高雅。1723年，郑板桥的父亲去世，郑板桥贫穷落魄，无法厚葬自己的慈父，于是有了求取功名的意图。他经过一番努力，终于在1736年中了进士，并于1741年被选为七品县令，到山东范县就任。他在范县任职期间，重视农桑，体察民情，因此百姓安居乐业。

1746年，郑板桥被调到潍县做县令。郑板桥赴任时正值此地连年旱灾，百姓无衣无食，甚至出现吃人现象。郑板桥心急如焚，写成奏章，上报朝廷，请求放赈救灾，可是上面的指示却久久不下来，郑板桥当机立断，叫百姓写借条领粮，救活了万人的生命。可秋后仍无收成，郑板桥便把借条当众烧掉。因为此事，为百姓请赈的郑板桥被朝廷以“忤大吏”的罪名撤职。郑板桥离开之日，潍县百姓挥泪相送，并为他建生祠。

## 卖画终老

郑板桥被革职后，来到扬州，开始了卖画终老的生活。经历了12年的宦海沉浮，郑板桥洞明世事，亲身体验到官场的黑暗、人生的辛酸，在思想感情产生了变化。这些变化在他的诗画中得以表现，画中的竹石显示出他那清劲挺拔的豪气。在扬州卖画期间，他与“扬州八怪”中的画家李鱓、李方膺交往甚密。他们以书画文会友，相互鼓励，三人曾一起画了《岁寒三友图》。

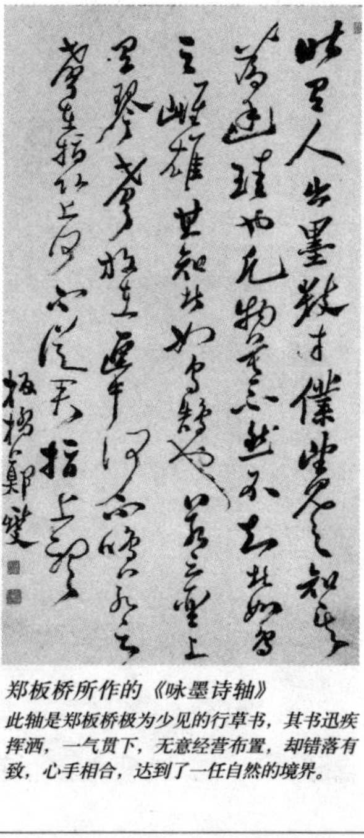

郑板桥所作的《咏墨诗轴》

此轴是郑板桥极为少见的行草书，其书迅疾挥洒，一气贯下，无意经营布置，却错落有致，心手相合，达到了一任自然的境界。

在书法方面，郑板桥取各家之长，以隶书与篆、草、行、楷相杂，用作画的方法写字，终于形成了雅俗共赏、受人喜爱的“六分半书”，也就是人们常说的“乱石铺街体”。在绘画方面，诗画书的完美结合构成了郑板桥的主要艺术特色。在画幅中，他用自创的“六分半书”题诗题句，或穿插或避让，巧妙地连接整个画面，使之有机结合。郑板桥诗书画印四美合一，构图新颖，章法奇特，令人耳目一新，大大增强了作品的形式美。他和“扬州八怪”的其他人物一样，在各自的领域里，大胆探索，推陈出新，给清代艺坛增添了一丝生气，对后世产生了广泛而深远的影响。

**人物档案**

姓　名：齐白石

生卒年：1864年～1957年

出生地：湖南湘潭杏子坞

身　份：中国近现代书画家、篆刻家

齐白石

# 木匠出身的艺术大师
# 齐白石
Qi Baishi

齐白石出身木匠，经过数十年的努力，成为一位诗、书、画、印无不卓绝的艺术大师，在中国艺术史上，抒写了一段传奇。

## 从木匠到民间画师

齐白石幼年时家境贫困，仅读过一年的书，也正是在这一年描红习字的过程中，他的绘画天赋被激发了出来。他的第一幅绘画是以薄竹纸蒙在镇鬼降魔的雷公像上所作的临摹。随后，他便把描红本子上的纸撕下来勾画每日可见的一位钓鱼老者，达到了尽现其身形面貌的程度。从此，凡是他看见过的东西，如牛马猪羊、鸡鸭鱼虾、蟹蛙蝶雀，都被他拿来入画。

15岁时，齐白石拜一位擅用平刀法雕刻人物的木匠为师，学习雕花手艺，19岁出师。由于齐白石善于从自然界中发现美，在雕花时又富有创造精神，因此，他所做的精致嫁床、花轿、香案令人赞叹，誉满乡里。后来，齐白石在一个乡民家中做雕花活儿时，偶然见到一部残缺不全的《芥子园画谱》，如获至宝。他将书借来，把它当做自己学画的教材，把画谱全部复制一遍。经过一番刻苦的研习，齐白石的造型能力有了显著提高，雕刻时的比例关系越来越匀称。

齐白石到了晚年仍坚持每天画画，很少让画笔闲置。

当时湘潭的民间画师萧芗陔、文少可以画像闻名，齐白石便托人介绍，与他们相识。他们把自己的得意技法都表演给齐白石看，并且对自己的画详加指点评说。经过这样认真的观摩学习之后，齐白石在画像上便也初入门径。这时，齐白石的画得到湘潭名士胡沁园的赏识，他让齐白石在自己的家中住下，鼓励齐白石走以画谋生的道路。19世纪末摄影尚未普及，乡村对画像的需求很大，有钱人在生前和死后都要“描容”，作为纪念。齐白石将从民间画师处学到的技法，结合自己琢磨出来的一些手法，给人画像，大受欢迎。从此，他告别了斧凿，开始了民间画师的生涯。

齐白石与家人的合影

## 刻苦自修

清光绪二十五年（1899年），齐白石以诗文画为见面礼，到湘潭城中拜著名诗人王湘绮为师，从而同铁匠张仲飏、铜匠曾招吉一起，成为湖南有名的“王门三匠”。此后，齐白石游历了大江南北，实现了“读万卷书，行万里路”的夙愿。通过10年的刻苦自修，齐白石基本形成了朴实、明快而自然的画风。

齐白石将绘画视为“寂寞之道”，这是他一生恪守的信条和成功的秘诀。“扫除凡格总难能，十载关门始变更”，讲述了他在1920年到1929年之间，以超出常人的意志和精力，用10年时间闭门谢客，潜心研究，摸索艺术道路的概况。这段时间，齐白石作画万余幅，刻印三千多枚，可以说齐白石是穿越作品的海洋而冲进艺术王国的。他常说：“一天不画画心慌，五天不刻印手痒。”

## 衰年变法　培养人才

1919年以后，齐白石离开湖南，定居北京。自此，56岁的齐白石开始“衰年变法”，苦苦探究自己画风的演变。他不断地从陈师曾、黄宾虹等人的画作中汲取营养，创造了中国画工笔草虫和写意花卉相结合的特殊风格，被称为“红花墨叶派”。

1927年初春，国立北平艺术专科学校校长林风眠聘请齐白石为教授。北平艺专改为艺术学院后，院长徐悲鸿三顾茅庐请齐白石担任中国画教授。齐白石还应学生之邀担任了京华美专的教授。就这样，齐白石把自己几十年的绘画创作经验毫无保留地传授给了学生，著名画家于非闇、王雪涛、李苦禅、李可染等，都出自他的门下。齐白石在80岁前制印时所采用的篆法、章法、刀法都表现出“齐派”的鲜明特色，被誉为“印坛泰斗”。齐白石在艺术上走了一条继承、革新和创造的光辉大道，他将画、印、诗、书熔为一炉，使中国传统艺术上升到新的高度。

*齐白石画像*

*齐白石在绘画、书法、篆刻上都有着非凡的成就，创造出自己独特的艺术风格。他的画，无论山水、花卉或虫草，都能给人以明朗、清新、简练、生气勃勃之感，并且具有鲜明的民族特色，达到了形神兼备、情景交融的境界。*

**人物档案**

姓　名：梅兰芳
生卒年：1894年～1961年
出生地：北京
身　份：京剧表演艺术家

*梅兰芳*

# 京剧艺术表演大师
# 梅兰芳
Mei Lanfang

**梅兰芳是著名京剧表演艺术家、梅派创始人。他的艺术既继承了前人的优点，又锐意创新，自成一派，为我国京剧事业的发展做出了重要贡献。**

## 勤学苦练

梅兰芳出身于一个梨园世家，自幼受到艺术熏陶，这为他在京剧艺术方面的开拓发展奠定了基础。梅兰芳幼年的生活相当艰苦。父母早逝，他依靠伯父伴奏所得的收入来维持生活。梅兰芳8岁开始学艺，为了练好基本功，他大冬天在自家院子里的地上泼上水，等水结成冰后就在冰上踩着跷，打把子，跑圆场。冰很滑，稍不留神就得摔跤，可他摔倒了爬起来再练，直到练得稳了才行。由于踩着跷在冰上跑惯了，到了台上就觉得容易多了，这样他终于练就了一副腿脚稳健的硬功夫。

梅兰芳11岁登台演出。这期间他除了学青衣戏外，还学花旦戏、武功、昆曲等。同时他还看别人演戏，用心比较，琢磨前辈艺术家们的艺术精华。除了演戏练功外，他的业余爱好十分广泛，特别喜欢养鸽子、养花和书法绘画，而这些爱好对他提高表演艺术起了很大作用。

*梅兰芳年轻时的剧照*

## 独创“梅派”

梅兰芳20岁时，已经是一位驰名京沪的京剧演员了。1913年11月，梅兰芳第一次应邀去上海演出，在上演《虹霓关》中开创了在同一剧目中一人演两个不同行当、不同扮相、不同演法的先例，轰动了大上海。1914年秋冬，梅兰芳再次应邀赴上海演出，增加了《贵妃醉酒》等剧目，历时45天，场场爆满，盛况空前。他曾以22万多张票当选为“伶界大王”。

1957年，梅兰芳演出后与周恩来总理交谈。

梅兰芳回到北京后，开始创作《一缕麻》等反对封建包办婚姻、揭露官场黑暗的时装新戏，对推动京剧艺术的革新和发展起了不小的作用。不久，他又尝试排演了古装新戏，如《黛玉葬花》等，刻画了那些追求自由和幸福的妇女形象，创造出新的妇女装束和扮相，丰富了京剧舞台服装。这些取材于文学的古装新戏，为观众喜闻乐见。

1915年4月到1916年9月，梅兰芳编演了11出新戏，同时还整理和上演了许多传统戏，比如《宇宙锋》《花木兰》《考红》等。1921年，他编写的《霸王别姬》刻画了一个善良、有见识、富有感情而又坚贞不屈的虞姬形象。此剧后来成为梅派保留剧目之一。

梅兰芳集京剧旦角艺术的大成，综合青衣、花旦、刀马旦的表演特点，创造出自己特有的表演形式和唱腔——梅派，他本人后来被誉为京剧“四大名旦”之一。

## 艺术大使　爱国志士

梅兰芳一生曾应邀出访10余次，他先后访问过日本、美国、苏联、英国、德国、意大利、埃及、印度等国。与许多艺术大师交流经验，并结下深厚的友谊。他是把京剧艺术介绍到国外的先驱者，为促进国际文化交流立下了不朽的功勋。

梅兰芳在代表作《贵妃醉酒》中的扮相

1919年，梅兰芳应邀赴日演出，这是中国京剧演员第一次出现在外国舞台上，受到热烈欢迎，日本剧评家高度评价了他的艺术造诣。1924年，他第二次赴日本演出，获得了更大的成功，从此声名远播世界许多国家。

梅兰芳不仅是一位公认的艺术大使，还是一名优秀的爱国志士。“九·一八”事变爆发后，日本军国主义在我国东北阴谋筹建傀儡满洲国，日本人请梅兰芳前去演戏，以示“庆祝”，每次都被他严词拒绝了。1932年，梅兰芳全家迁居上海。为鼓舞人民抵抗日本侵略的斗志，梅兰芳与叶恭绰等一起编演了《抗金兵》，后他又把《易鞋记》改编为《生死恨》。抗日战争爆发后，梅兰芳身居沦陷区，不为敌伪的威胁利诱所屈服，毅然蓄须明志，8年不曾登台演出。建国后，梅兰芳继续致力于保卫世界和平、促进文化交流的工作。

**人物档案**

姓　名：徐悲鸿
生卒年：1895年～1953年
出生地：江苏宜兴屺亭桥镇
身　份：近代著名画家、美术教育家

徐悲鸿

# 中国现代美术的奠基人
# 徐悲鸿
Xu Beihong

**徐悲鸿学兼中西、博采众长，为中国绘画艺术与西方绘画相结合做出了不可磨灭的贡献。同时，他还献身于美术教育事业，为中国培养了一批优秀的美术艺术家。**

## 随父学画　经历坎坷

1895年7月19日，在江苏省宜兴县屺亭桥镇一间临水而筑的简陋茅屋里，一个男婴呱呱坠地。这个婴儿就是日后大名鼎鼎的画家、美术教育家徐悲鸿。

徐悲鸿的父亲徐达章是一名民间画师，在当地小有名气。父亲在耕作之余，以课徒和鬻字卖画补贴家用，因此家里挂满了父亲的字画。幼小的徐悲鸿耳濡目染，对书画产生了浓厚的兴趣。徐悲鸿9岁时开始从父习画。自此，徐悲鸿与书画结下不解之缘，并将自己的一生毫无保留地献给了美术事业。

1908年，徐悲鸿的家乡连降暴雨，田里颗粒无收。万般无奈之下，年仅13岁的徐悲鸿跟着父亲到邻近的县镇鬻字卖画，以谋全家生计。后来父亲染病逝世，徐悲鸿便成了家里的顶梁柱。为了养家，他决定到上海去寻找出路。在求职未遂的情况下，徐悲鸿花得身无分文，这时，幸好商务印书馆职员黄警顽帮他找到他的第一份工作——为中华图书馆出版的一套《谭腿图说》画体育挂图。于是，他得到了一生中卖画的第一笔收入——30元稿酬。

徐悲鸿与印度诗人泰戈尔在一起。

## 孜孜求学

徐悲鸿的求知欲非常强烈，谋生之余，他还大量阅读书籍。

1916年2月，徐悲鸿考入法国天主教主办的震旦大学，在黄警顽与吴兴丝商黄震之的资助下入学，攻读法文。在此期间，他结识了仓圣明智大学的许多教授，其中有两位对他人生影响很大，一位是康有为，另一位是蒋梅笙。由于徐悲鸿和蒋梅笙是同乡，他便常到蒋先生家拜访，学到许多书本上没有的知识。

1917年12月，徐悲鸿来到北京，等待公派留法的机会。在此期间，徐悲鸿经人介绍结识了蔡元培。蔡元培于1918年2月22日主持成立了“北京大学画法研究会”，聘请徐悲鸿为画法研究会的导师。1919年3月，徐悲鸿公派留法。同年秋天，他到巴黎后入朱利安画院学习素描。经过两个月的训练，他的素描技法突飞猛进。不久，他便去报考巴黎国立高等美术学校，拜著名的专绘历史画的画家弗拉孟为师。1920年初，徐悲鸿结识了法国著名写实主义大师达仰，并向他学画，直至1927年回国。

徐悲鸿擅长素描、油画、中国画。他把西方艺术手法融入到中国画中，创造了新颖而独特的风格。

## 功成名就

徐悲鸿是我国杰出的艺术家和卓越的美术教育家。在20世纪上半叶中国艺术步入现代艺术行列之时，他将西方精湛的写实技巧融入中国绘画，从而为传统艺术的革新开拓了广阔的道路，被国际美术评论界称为“中国近代绘画之父”。徐悲鸿笔下的骏马如风似电，已被视为中国绘画的象征，出现在世界各地。他的名作《愚公移山》，以浪漫主义手法，强烈的象征意义，令人叹服的写物造型，讴歌了中华民族百折不挠、坚忍不拔的铮铮铁骨，该画在中国画的发展史上起着里程碑的作用。

此外，徐悲鸿毕生以复兴中国绘画为己任，为发展美术教育呕心沥血。他回国后不久，有许多青年慕名而来，登门求教。从1928年开始，徐悲鸿便开始投身于祖国的美术教育事业，他1929年出任北平艺术学院院长时，曾三顾茅庐聘请齐白石到北大任教。1949年新中国成立后，中央人民政府任命徐悲鸿为中央美术学院院长。徐悲鸿在任教期间，自始至终都在竭力扶助、推崇有才之士，荟萃群贤，培养了作为今天中国美术教育骨干力量的大批优秀画家，被世人誉为“画坛伯乐”。

徐悲鸿极擅画马。

**人物档案**

姓　名：张大千
生卒年：1899年～1983年
出生地：四川省内江县
身　份：近代画家

张大千

# 五百年来最伟大的国画大师
# 张大千
Zhang Daqian

**张大千创泼墨、泼彩新貌，别具一格，堪称中国画革新大家。他为发现和保护敦煌壁画所做的工作也是对中国文化的一大贡献。**

## 早年求学

张大千在家中排行第八，从小就聪颖过人。她母亲是当地有名的女画家，二哥擅长画虎，自称“虎痴”。受母亲和二哥的影响，张大千从小就开始学习绘画。

19岁那年，张大千去日本学习印染和绘画。他在课余四处拜师求教，不断钻研绘画艺术，打下了扎实的绘画基础。回国后，张大千在母亲兄长的命令下结了婚。完婚之后，张大千决心继续学画，便来到上海，学习书法和绘画。

张大千在上海学画时，二哥张善孖和他人创办了一个艺术团体——“秋英会”。“秋英会”以赏菊吃蟹，当场挥毫，画画题诗为目的。张大千第一次参加时，既绘画，又咏诗、题字，使得大家对他刮目相看。此后不久，他仿作了一本《石涛画册》，被当时颇为有名的画家兼收藏家陈半丁当成了“真迹”，在上海画界名噪一时。

*张大千毕生的创作，达到了“包众体之长，兼南北二宗之富丽”的境界。他集文人画与作家画、宫廷艺术与民间艺术为一炉，人物、山水、花鸟、虫鱼、走兽、工笔、写意，无一不能，无一不精。其书法劲拔飘逸，外柔内刚，独具风采。其题画诗工七绝，诗风率真豪放。*

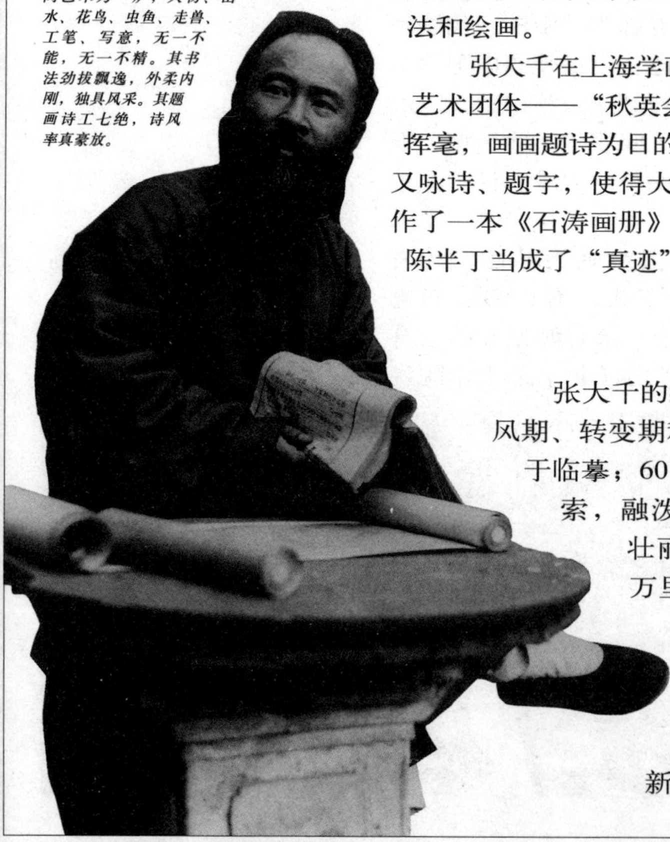

## 革新国画

张大千的绘画艺术可分为三个时期：古典作风期、转变期和高峰期。60岁前，张大千集精力于临摹；60岁到70岁之间，张大千历经十年探索，融泼彩于泼墨、勾皴法，创造了雄奇壮丽的画风。以70岁时所作的《长江万里图》为标志，此后他便迈入了创作的高峰期，泼彩成为最富个性的画法。张大千的这一变化不仅把他的绘画艺术从古典引向了现代，也把他推入了中国画革新大家的行列。

[第八章]

# Part8 名家名流

中华大地，幅员辽阔，山川秀丽，人口众多；中华民族，历史悠久，文化灿烂，人才辈出；中国人民吃苦耐劳，正直勇敢，多才多艺。在如此伟大的国度里，自然会涌现出许许多多的风流人物：勇于献身的张骞两次出使西域，开辟了“丝绸之路”，促进了东西方经济文化交流；玄奘和鉴真为弘扬佛法，历尽艰辛，百折不挠；郑和七下西洋，让世界各国人民认识了一个先进强大的中国；康有为维新变法，不畏艰险，探寻救国救民的真理；宋庆龄爱心无限，为中国少年儿童的茁壮成长做出了巨大的贡献……还有许许多多功勋卓著的人物，为中国的壮丽篇章写下了辉煌的一笔。

**人物档案**

姓　名：张骞
生卒年：约公元前164年～公元前114年
出生地：汉中成固（今陕西城固）
身　份：西汉外交家

张骞

# 丝绸之路的开拓者
# 张骞
Zhang Qian

**张骞两次出使西域，加强了中原和西域少数民族之间的联系，开辟了举世闻名的丝绸之路，发展了与中西亚各国间的友好关系，促进了东西方经济、文化的交流和发展。**

## 出使西域

汉代以前，西域几乎对所有中原人而言都是十分陌生的神秘地方。西汉初年的时候，人们逐渐从东西往来的行商者的描述中了解到西域的一些情况，但非常有限。公元前139年，为了摆脱匈奴的威胁，汉武帝想派使者去联络西域各国，共伐匈奴。为此，汉武帝“乃募能使者”。张骞体魄健壮，性格开朗，富于开拓和冒险精神，他“以郎应募，使月氏”。张骞这次出使，由于带有重大的政治目的，自然会受到匈奴的阻挠，沿途会有各种艰险。

公元前138年，张骞一行人走出陇西（今甘肃临洮南）途经匈奴地域时，被匈奴人抓获，扣留了整整10年。匈奴人为张骞娶妻，并让其为张骞生子，想以此拴住张骞，使他老死在匈奴。然而，张骞念念不忘身负的使命。在被扣押期间，他采取韬晦之计，欲使匈奴人放松警惕，放宽对他的监禁。这一计果然有效，张骞抓住这个机会带着少数随从逃跑，终于到达了大宛。大宛国王早就想跟富饶的西汉交往，听说张骞来了，很高兴，问他：“你要到哪里去？”张骞答：“我要出使大月氏，没想到中途匈奴人阻道。现在我逃出来了，希望国王派人送我去大月氏。如果你这样做了，我回汉朝后告诉汉王，汉王定会用很多财物感谢您。”大宛国王满口答应，派人把张骞护送到康居，由康居转送大月氏。到大月氏以后，张骞发现情况有变化。大月

张骞出使西域
张骞和他的随从西出玉门关，远走西域，欲联合大月氏夹击匈奴，解除汉朝边患。

氏的老国王早已被匈奴人杀害，此时已立太子为王。新国王认为大月氏土地肥美，人民安居乐业，而且离汉朝太远，没有必要报复匈奴。张骞没有办法，只好返回。

西汉角形玉杯

公元前128年，张骞等人踏上了归途。为了避开匈奴骑兵，他们没有再走来时的天山南路，而是改变路线，沿着昆仑山北麓向东行进，经过莎车、于阗、鄯善等地。在进入羌人居住地时，他们再次被匈奴抓获，后又趁匈奴内乱逃回长安。

张骞这次出使西域，虽然没有完成联合大月氏的使命，但却打通了亚洲内陆东西交通的要道，开辟了举世闻名的“丝绸之路”，使汉朝同西域各国的关系变密切，从而促进了东西方经济、文化的广泛交流。

## 再次出使西域

张骞回到汉朝后，将旅途中的见闻上奏汉武帝，激发了汉武帝“拓边”的雄心，汉武帝遂发动了一系列抗击匈奴的战争。在抗击匈奴的战争取得重大胜利后，为了进一步发展汉朝和西域各族的友好关系，加强和中亚、西亚各国的联系，孤立、打击匈奴在西域的残存势力，汉武帝第二次派张骞出使西域。公元前119年，张骞率领大队人马，携带价值千万的金币、丝绸和数万头牛羊前往乌孙。

乌孙是一个游牧民族，生活在敦煌和祁连山之间。当张骞到达乌孙时，乌孙发生了内乱，骁勇善战的腊骄靡王已经老态龙钟，无力平乱，致使乌孙一分为二。张骞欲劝腊骄靡王迁回故地、共同抗击匈奴的事被搁置下来。于是，张骞派部属分别前往大宛、康居、大月氏、大夏、安息等地访问考察，自己先行回了汉朝。汉武帝拜他为大行，位列九卿。

西安是西汉国都，也是丝绸之路的起点。

公元前115年，张骞去世之后，他派往各地的部属纷纷在对方使者的陪同下，陆续回到汉朝。汉朝和西方各国都建立起友好的关系。后来，汉朝不仅和乌孙结成了同盟，还在西域设置了行政机构——西域都护府，对西域地区进行管辖。张骞未竟的事业终于完成了。

**人物档案**

姓　名：陈祎

生卒年：602年～664年

出生地：洛州缑氏（今河南偃师缑氏镇）

身　份：唐代佛经翻译家、佛教哲学理论家

玄奘

玄奘在古代交通极不发达的情况下，"乘危远迈，策杖孤征"，行程五万余里，游历了一百一十几个国家，最终到达佛教的发源地印度，取到了佛法和真经。

# 誉满中外的唐朝僧人
# 玄奘
Xuanzang

**玄奘是我国唐代著名的佛教哲学理论家和佛经翻译家，他历经万险到印度取经，回国后致力于佛教教义的研究和佛经翻译工作，为中国乃至世界佛教的发展做出了巨大的贡献。**

## 学习佛法　精益求精

玄奘从小聪明颖悟，对风靡一时的佛学非常感兴趣。在他10岁的时候，父亲去世，此时在洛阳净土寺出家的二哥长捷将他带到洛阳。玄奘经常跟着二哥去听高僧说法，渐渐地，他有了出家的念头。

玄奘13岁的时候在净土寺剃度为僧，开始学习佛法。玄奘17岁的时候，隋灭唐立，玄奘兄弟为了躲避战乱，到了成都定慧寺，向道基、宝暹法师学习《摄大乘论》《毗昙》等。玄奘21岁时在成都受持227条戒及诸礼仪，并在此学律。可是，成都毕竟是个相对闭塞的地方。在成都住了5年之后，求知欲极强的玄奘终于决定离开这里，到各地去访求良师益友。

10年之后，玄奘已经访遍了国内的名师，精通了许多佛教典籍。可是学问越广博，玄奘的疑问也就越多，而当时的大师们各有各的师承，对教义的解释各不相同。国内的佛教典籍也很少，翻译得也不够精确。

玄奘深刻地认识到，要想彻底解决自己的疑问，就必须到佛教的发源地印度去求取佛法和真经。于是，在629年，玄奘踏上了西去印度的万里征程。

## 西行取经　历经磨难

玄奘离开长安后，到达凉州。当时的律法规定，和尚不能擅自离境，他在慧威法师的帮助下从凉州逃到瓜州。然而此时朝廷缉拿玄奘的通牒已经到了西行必经之地——玉门关，幸亏守关的校尉是一位佛教信徒，在他的指导下，玄奘终于通过了重重关卡，出了国境。

玄奘独自一人进入了茫茫戈壁。他走了一百多里，却始终没有找到水源，还失手把水囊打翻了。在这种情况下，玄奘毅然决定：宁可西行而死，绝不东还求生。于是，他继续向西行进，越过戈壁滩，进入大沙漠。他顶着风沙，忍着干渴，终于走出戈壁沙漠地带，到了伊吾。

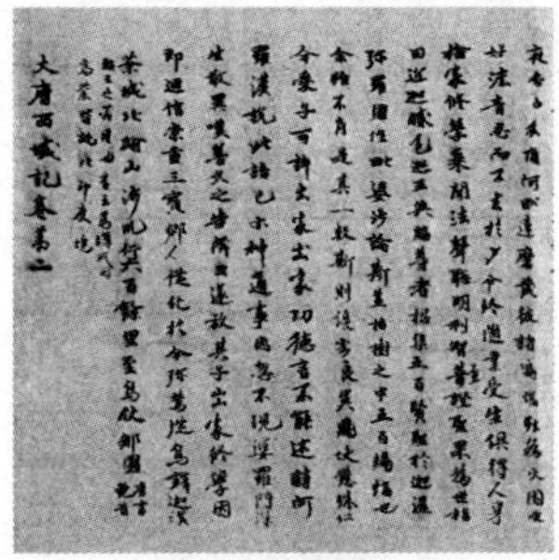

玄奘归国后，自己口述，由门徒记录，写成了著名的《大唐西域记》。

玄奘在伊吾得到了高昌国王的盛情邀请，高昌国王对来自故乡的玄奘非常尊敬，利用各种手段想把他留下来。可是玄奘心意已决，竟用绝食来表示自己的决心。三天之后，玄奘已经奄奄一息了。高昌国王终于被他的精神所感动，为他准备了足够二十年用的衣物、金银等，还派了数名杂役侍奉他。玄奘告别高昌国王，一路翻山越岭，风餐露宿，历经无数艰难险阻，终于到达了北印度边境。

玄奘入境后，到了他仰慕已久的那烂陀寺，拜戒贤为师，潜心研究佛法。640年，戒贤法师让玄奘主持全寺的讲会，他的讲解使当地人心悦诚服。

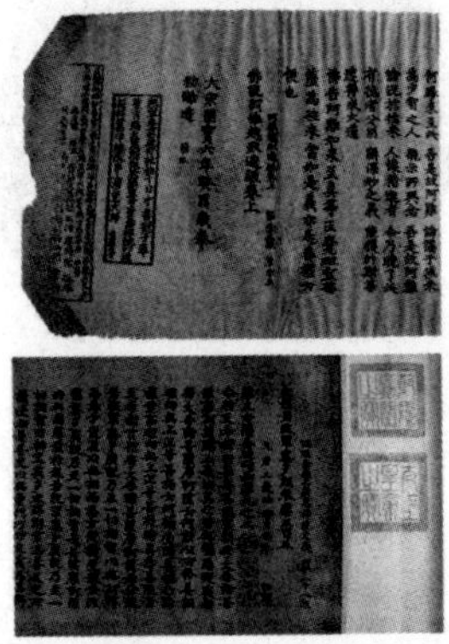

玄奘从印度回国之后翻译了大量的佛教典籍。其翻译水平之高，令后代学者叹服。

## 取经归来　翻译佛经

641年，一直思念故国的玄奘谢绝了印度民众的一再挽留，踏上了万里归途。645年，玄奘终于回到了阔别十多年的长安。长安百姓倾城而出，前来迎接玄奘。玄奘在弘福寺开始了大规模的佛经翻译事业。他辛勤努力十九年，共主持翻译了佛教经论七十四部，一千三百多万字，是中国翻译史上翻译量最多的一个人。玄奘不仅精通佛教教义，而且通晓梵文，他根据自己提出的“既须求真，又须喻俗”的翻译原则，将佛经翻译得清楚准确，明白晓畅。其翻译水平之高，为后代的学者所叹服。玄藏还将印度本土已经失传的《大乘起信论》由中文翻译成梵文，再传回印度，并应印度迦摩缕波国王之请，将中国古代的哲学巨著《道德经》译成梵文，传到印度。玄奘还自己口述，由他的门徒记录，写成了著名的《大唐西域记》。

位于西安的玄奘三藏院

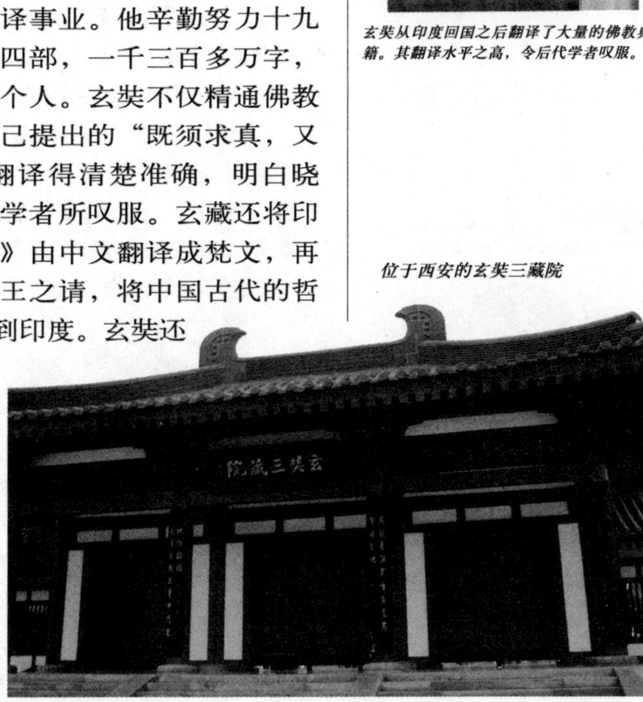


玄奘在古代交通极不发达的情况下，行程五万余里，游历了一百多个国家，在世界旅行史中也是罕见的。他毕生致力于佛教教义的研究和佛经翻译事业，为中国甚至世界佛教的发展做出了巨大贡献。

**人物档案**

姓　名：李雪雁
生卒年：？～680年
出生地：长安（今陕西西安）
身　份：唐代亲善使者

文成公主

# 促进汉藏友好的使者
# 文成公主
Wencheng Gongzhu

**文成公主知书达理，不避艰险，远嫁吐蕃，为促进唐蕃间经济文化的交流，增进汉藏两族人民亲密、友好、合作的关系，做出了历史性的贡献。**

## 被封公主

文成公主是唐太宗统治时期礼部尚书、江夏郡王李道宗的女儿，名叫李雪雁。李雪雁是个伶俐活泼、端庄美丽的大家闺秀、宗室之女。她自幼学习过四书五经、佛典医药，聪颖过人。她一心想摆脱母亲的礼教管束，追求志向高远的未来。

就在李雪雁生活的长安处在安定团结的“贞观之治”之时，唐朝西部的吐蕃国渐渐强盛起来。634年，松赞干布即位为吐蕃（古代藏族建立的政权）赞普（国王），并很快统一了吐蕃。当唐朝称霸中原时，松赞干布也已称雄雪域高原，建立了统一的吐蕃王朝，并积极谋求与唐朝建立密切联系。

松赞干布对唐朝文化非常仰慕。634年，松赞干布开始遣使至唐，唐也遣使回访，松赞干布从而有了联姻的想法。640年，松赞干布派遣大相禄东赞出使长安，向唐皇求亲。641年，唐太宗答应了他的请求，开始在宫中寻找一位通晓诗书的宗室之女，封她为公主，准备和亲。在遴选公主时，唐太宗一眼便看中了聪明伶俐的李雪雁，将她册封为下嫁吐蕃的“文成公主”。

文成公主带去了汉族地区的先进农业技术，大大改进了藏族地区人民的生活水平。

唐太宗为文成公主准备了丰厚的嫁妆，其中有各种日用器皿、金银珠宝、绫罗绸缎，还有许多吐蕃没有的谷物、果品、蔬菜的种子和大批历史、文学、医药、植树、工程技术、天文历法等书籍。经过两个多月的准备，在李道宗的率领下，一支浩

大的送亲队伍护送着文成公主前往吐蕃和亲去了。

大昭寺始建于七世纪吐蕃王朝的鼎盛时期，后经历代修缮增建，形成庞大的建筑群。

## 远行异域　婚姻美满

经过一个多月顶风冒雪的艰苦跋涉，文成公主一行到了黄河的发源地——河源。这时，松赞干布亲自率领的大队迎亲人马也赶到了河源。这位驰骋高原的吐蕃王见文成公主身着华美的盛装，神态端庄，气度文雅，与原始质朴的吐蕃女子完全不可同日而语，立刻为文成公主而倾倒。

送亲和迎亲的队伍前呼后拥、威风八面地进入了逻些（今拉萨）城，在李道宗的主持下，松赞干布与文成公主按照汉族的礼节，举行了盛大的婚礼。

为了安顿文成公主，慰藉她的思乡之情，松赞干布大兴土木，按照唐朝建筑的式样和风格建了一座美轮美奂的宫殿。为了与文成公主有更多的共同语言，松赞干布脱下他穿惯了的皮裘，换上文成公主亲手为他缝制的丝质唐装，还努力地向文成公主学说汉语。一对异族夫妻感情融洽，互爱互敬，开始了他们新的生活。

松赞干布像

## 提出建议　促进交流

文成公主以款款柔情善待松赞干布，使得这位生长于荒蛮之地的吐蕃国王深切体会到汉族女性的修养与温情。松赞干布对文成公主不但倍加珍爱，而且对她的一些建议尽力采纳。文成公主则凭着自己的知识和见地细心体察吐蕃的民情，然后提出各种合情合理的建议，协助丈夫治理这个地域广阔、民风古朴的国家。松赞干布和大臣们都非常尊敬她，经常向她讨教唐朝的政治制度，以作为他们治国的参考，而广大的吐蕃民众更视她如神明。

当时，唐朝佛教盛行，而吐蕃无佛。文成公主是一位虔诚的佛教徒，她携带了佛塔、经书和佛像入蕃，决意建寺弘佛。她命人用山羊背土填塘，建成了“大昭寺”。后来，文成公主又主持修建了小昭寺。从此，佛教慢慢开始在西藏流传。

*《步辇图》局部*

*《步辇图》是唐代画家阎立本的作品，描绘的是唐太宗下嫁文成公主与吐蕃王松赞干布联姻，松赞干布派使者禄东赞到长安迎接公主的故事。*

文成公主一方面弘扬佛教，为藏民祈福消灾；一方面，帮助吐蕃人民推行历法，教妇女纺织，还拿出五谷种子及菜籽，教人们种植。另外，文成公主还带来了车舆、马、骡、骆驼以及有关生物技术和医学的著作，促进了吐蕃的社会进步。

**人物档案**

姓　名：淳于
生卒年：687年～763年
出生地：扬州江阳（今江苏扬州）
身　份：唐代高僧、日本佛教律宗创始人

鉴真

# 东渡弘法的高僧
# 鉴真
Jianzhen

**鉴真是盛唐时期的佛教大师，他为中国佛教文化的发展做出了杰出贡献，为传播中国佛教思想、弘扬华夏文化艺术和促进中日两国的友谊，立下了不朽的功勋。**

## 成长为“受戒大师”

鉴真出身于一个信奉佛教的家庭，他14岁便出家，在大云寺随智满禅师受戒。18岁时，由道岸禅师主持，为他授了菩萨戒。20岁时，鉴真游学于洛阳、长安一带。708年，21岁的鉴真在长安实际寺受戒，正式取得僧籍，并随弘景禅师受持227条戒及诸礼仪。

当时的洛阳、长安是唐代政治、经济、文化的中心，那里寺院林立，高僧云集。为鉴真受戒的禅师都是当时全国最著名的高僧。在众高僧的指点下，鉴真潜心研究佛学，26岁时便登坛讲解律疏。除了精通佛学，鉴真还懂得许多佛教艺术、建筑、医学、绘画等方面的知识。大约在718年，鉴真回到扬州，从事受戒度人和兴建佛寺等活动，被人尊称为受戒大师。

鉴真在东渡途中，经历了数不清的磨难。

## 矢志不渝　艰难东渡

隋唐年间，中日两国人民的友好往来频繁，在此两百多年间，日本先后19次派出使者，学习中国的宗教和文化。

742年10月，已在中国学习了十年的日本僧人荣睿、普照来到鉴真主持的大明寺，邀请鉴真东渡日本，去传戒弘法。鉴真看出他们的邀请出于至诚，便决定为弘扬佛法远渡重洋。从此，鉴真便开始了6次横渡东海的壮举。

743年，鉴真率弟子道航、思托等21人准备东渡。当时，唐朝的法律是禁止僧人私渡的，所以这次东渡以去天台山进香为借口。不料，同行的一个僧人因意见不合，到官府告密，地方官没收了所有船只。第一次东渡还没出海就破产了。

4个月后，荣睿、普照被放了出来，他们仍然决心请鉴真东渡日本，于是又一次秘密到大明寺拜访鉴真。鉴真为其真情所感动，决意再次东渡。743年12月，鉴真二次东渡。当船航行到狼沟浦（今江苏省南通市狼山江面）时，遇到狂风巨浪，船被严重破坏，无法行驶。第二次东渡又宣告失败。

经过两次失败后，鉴真仍不甘心，又试渡两次，但均未能成功。748年，鉴真准备第五次东渡。这次鉴真因劳累过度，医治不当，造成双目失明，东渡未成。但是，鉴真并未因失明而灰心，仍在寻找下一次东渡的机会。

鉴真在日本首次建立起了严格的戒律制度，促使佛教被确定为日本的国家宗教。图为日本金阁寺。

盛唐时代，佛教文化兴盛，国家之间交流频繁，鉴真在这个时期接受日本使者的邀请，到日本弘扬佛学。

## 东渡成功　日本传法

753年10月，日本第十次派遣唐使来到中国学习。在回国前，他们到扬州拜见了鉴真，并迎请鉴真去日本传律授法。66岁高龄且双目失明的鉴真欣然应允。10月19日晚，鉴真一行24人在黄泗浦（今江苏常熟黄泗）与日本遣唐使船队会合，踏上了第六次东渡的航程。

经过两个月的艰苦航行，鉴真一行人终于踏上了日本的土地。随后，他们到达日本京都奈良，受到以日本天皇为首的举国上下的盛大欢迎。鉴真在日本著名的奈良东大寺为日本武圣上皇和孝谦天皇传授戒律，成为日本戒法的开山祖师。不久，孝谦天皇下旨，为鉴真造了唐禅院，后来，又建造了唐招提寺。寺中聚集四方僧徒，讲律受戒，盛极一时。

鉴真东渡，对于日本各方面都产生了积极的影响。同时他在中日文化交流和两国人民的友谊史谱上也写出极为辉煌的一页。

日本寺庙众多，信众遍及全国各地。图为日本法隆寺。

**人物档案**
姓　名：郑和
生卒年：1371年～1433年
出生地：云南昆阳（今晋宁）
身　份：明代航海家

郑和

# 七下西洋的航海家
# 郑和
Zheng He

**郑和是中国伟大的航海家，他率领当时世界上最大的船队，劈波斩浪，先后七次下西洋，纵横海域，航程共达十六万海里，谱写了世界航海史上的壮丽篇章。**

## 入宫为宦

郑和原本姓马，名和，小字三宝，出生在世代信奉伊斯兰教的家庭，是回族人。郑和在小时候因家乡发生战乱被明军掳走，送入宫中成为宦官，分派到燕王朱棣的府邸。《明史》中称郑和“自幼有才志”、“丰躯伟貌”、“博辩机敏”，后来因为在朱棣夺取皇位的“靖难之役”中立下战功，明成祖朱棣赐他姓郑。从此，他就改名为郑和，并做了内宫太监总管。

明成祖即位后，欲派人到东南亚一带宣谕这一重大政治事件，并希望加强与这些国家的联系，借此炫耀大明帝国的国威。因郑和的祖父和父亲都从海路到过伊斯兰教圣地麦加，郑和自幼受家庭影响具有探险精神，加上郑和本人精明能干，为明成祖的心腹之人，所以，郑和便成了下西洋的首要人选。

郑和七下西洋，将中华文明远播海外。

## 七下西洋

1405年，郑和奉明成祖之命率领翻译、军士、医生、商人、水手等两千七百多人，带着大量的丝绸、瓷器、粮食等物资，分乘六十二艘大海船和二百多只小船，开始了第一次远航。船队从太仓刘家港出发，经过福建长乐，首站到达占城国首都，以下航站依次是爪哇苏鲁马、苏门答腊南部旧港、马来半岛西岸的满剌加。

船队到达了满剌加（今马六甲）时，受到满剌加国王的热烈欢迎。郑和宣读了明朝皇帝的国书，向满剌加王赠送了礼物，还立碑纪念两国友好关系的建立。郑和在满剌加建立了仓库，作为下西洋途中的中转站，这个中转站对郑和航海任务的顺利完成起了很大的作用。

泰国暹罗三宝寺

此寺原名“帕南车寺”。郑和七下西洋时，先后三次拜访泰国，并到达这里。当地华人非常崇敬郑和，就将寺名改为三宝寺。至今，居于泰国的华侨仍然对其信奉有加，香火不绝。

郑和船队在满剌加停留一个月之后，又到了印度半岛西南部著名的大商港古里（今卡利卡特），这里是郑和第一次下西洋的终点。郑和也向古里王递交国书，赠送礼物，立碑纪念。结束了对古里的访问之后，郑和开始起航回国。在路过三佛齐国时，船队遭到了当地恶霸酋长陈祖义的袭击。郑和一举消灭了陈祖义的恶势力，为海上往来的客商除掉了一大祸害，使这一带的海域畅通无阻。1407年，郑和结束了第一次远航，顺利回到了南京。

此次航行中，郑和船队与所到国家建立了友好关系，并参与到当地的政治斗争和贸易体系之中。此后，郑和在明成祖的支持下又进行了航行时间一年至两年不等的五次远航。其中在1409年进行的第三次远航中，郑和船队抵达锡兰时，有些侨居锡兰的中国人听说后赶来向郑和申诉，说国王亚烈苦奈儿很歧视中国人，经常虐待来此礼佛的中国僧人，于是郑和智平锡兰，使锡兰国王从此改变了对明朝及其侨民的态度。

1412年，郑和奉命进行第四次远航，他带领船队横渡印度洋，前往波斯湾。这一年的冬天，郑和顺着以往开辟出来的航线，先到达了占城，后又访问了东南亚诸国，并到了苏门答腊，遭到苏门答腊叛军的袭击。郑和联合国王进行反击，活捉了叛军，使得苏门答腊的局势稳定下来。

明仁宗即位后，听从朝中某些大臣的意见，认为下西洋过于浪费、收效不大，宣布停止下西洋的活动。不到一年，仁宗病逝，宣宗即位，宣宗在1431年再次派郑和下西洋。这次是郑和第七次下西洋，他在返航途中与世长辞，终年62岁。

郑和率领船队出海图

郑和七下西洋到达亚非30多个国家和地区，促进了明朝同各国人民之间的睦邻友好往来和经济、文化交流。后来，亚洲许多国家都先后派遣使节来华。至今，有些国家还保存着纪念郑和的古迹，如印尼的三宝垅、三宝洞，泰国的三宝寺等。郑和下西洋不仅是中华民族历史上的伟大创举，也是世界航海史上的伟大壮举。

**人物档案**

姓　名：康有为

生卒年：1858年～1927年

出生地：广东南海

身　份：近代维新活动家

康有为

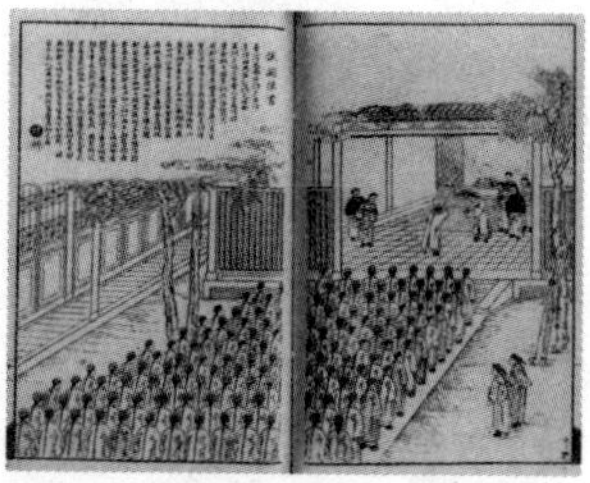

*1895年，清政府与日本签订《马关条约》后，中国被列强严重瓜分。当时在北京参加会试的康有为联合在京的各省举子，联名上书光绪帝，请求拒和、迁都、变法。这就是著名的“公车上书”。*

# 维新变法的领导者

# 康有为

Kang Youwei

**康有为是中国近代早期具有民主思想的先进人物，也是维新变法活动的组织者和领导者。鲁迅评说他是“公车上书的头儿，戊戌变法的主角”。**

## 认识转变

康有为5岁时就能背诵唐诗数百首，6岁时开始读《大学》《中庸》《论语》和朱熹所著的《孝经》。家人对早慧的康有为寄予厚望，希望他学有所成，光耀门第。康有为11岁时，父亲去世，他就跟随祖父接受严格的封建正统教育，攻读经史。18岁时他跟从朱次琦学习。朱次琦是今文经学家，主张“济人经世”，用学问为现实服务。康有为深受朱次琦的影响，思想发生变化，开始对封建传统文化表示怀疑与失望。

1879年，康有为研习了一段时间的佛学后，到了香港。他看到香港的英殖民者所建立的良好统治秩序后，认为资本主义制度比封建制度要好得多，从此开始了“向西方寻找真理”的历程。1882年以后，康有为大量阅读西方书籍、新式报刊。1885年，康有为又从事算学，撰写《人类公理》（后改名《大同书》）。在这本书中，他大力宣扬西方资产阶级的“平等”思想。渐渐地，他的言论变得超凡脱俗，与封建士大夫们格格不入。

*《日本变政考》书影*

*康有为为宣传变法，编著了《日本变政考》一书。*

## 讲学著书　倡导维新

1888年，康有为到北京参加顺天府乡试，趁机写下五千言的《上皇帝书》，痛陈外夷相逼的险状，希望清政府实行改革。因为这封上书言辞十分激烈，所以没有一个大臣敢把它递送给光绪皇帝。

直接批评君主专制制度无人理

睬，康有为便从学术上向旧思想挑战。1891年，康有为在广州长兴里万木草堂开始讲学。讲学内容主要是“中国数千年来学术源流、历史政治沿革得失，取万国公法比例推断之”，“大发求仁之义，而讲中外之故，救中国之法”。在此期间，他在弟子的帮助之下，撰写了《新学伪经考》和《孔子改制考》两书，为扫除维新变法的绊脚石准备了理论基础。

*1898年6月11日，光绪帝颁布《明定国是》诏书，宣布变法，百日维新开始。*

## 百日维新

1895年4月，日本逼迫清政府签下《马关条约》的消息传到北京，康有为发动在北京应试的1300多名举人联名上书光绪皇帝，痛陈民族危亡的严峻形势，提出拒和、迁都、练兵、变法的主张，这就是历史上著名的“公车上书”。“公车上书”揭开了维新变法的序幕。

为了把维新变法推向高潮，康有为、梁启超等人组织学会，创办报刊，使得全国各地议论时政的风气逐渐形成。1897年11月，德国强占胶州湾，全国人心激愤。12月，康有为第五次上书，陈述列强瓜分中国，形势迫在眉睫。1898年1月29日，康有为上书《应诏统筹全局折》。4月，康有为、梁启超在北京发起成立保国会，为维新变法做直接准备。

在维新人士的积极推动下，1898年6月11日，光绪皇帝颁布《明定国是》诏书，宣布变法。在此期间，光绪皇帝根据康有为等人的建议，颁布了一系列变法诏书和谕令。经济上，设立农工商局、路矿总局，提倡开办实业；修筑铁路，开采矿藏；组织商会；改革财政。政治上，广开言路，允许平民上书言事；裁汰绿营，编练新军。文化上，废八股，兴西学；创办京师大学堂；设译书局，派留学生；奖励科学著作和发明。这些革新政令，目的在于学习西方文化、科学技术和经营管理制度，发展资本主义，建立君主立宪政体，使国家富强。

*康有为面见光绪帝，力陈维新变法的紧迫性。*

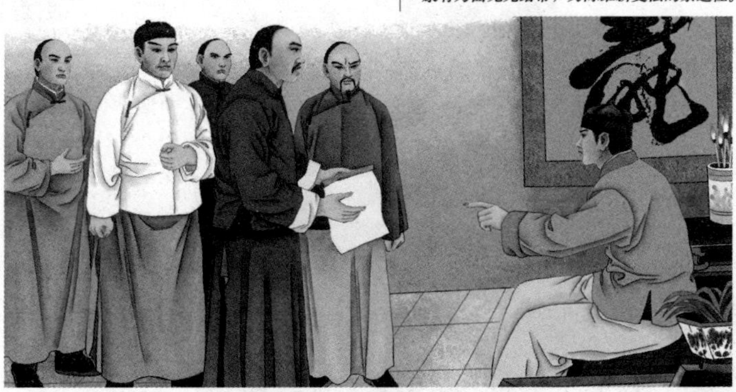

虽然戊戌变法最后失败了，但康有为的革新思想仍然促进了人们思想的解放，为日后中国的革命奠定了基础。

**人物档案**

姓　名：宋庆龄
生卒年：1893年～1981年
出生地：上海
身　份：政治活动家

宋庆龄

# 中国近代最伟大的女性

# 宋庆龄

Song Qingling

**宋庆龄是20世纪中国最杰出的女性，也是举世闻名的爱国主义、国际主义和共产主义的伟大战士，杰出的国际政治活动家。**

## 早年求学　博学好思

宋庆龄出生在一个交汇着西方文明和中国传统文化的家庭里，她的父亲宋嘉树毕业于一所教会大学，她的母亲倪桂珍也是一位受过良好教育的女子。宋庆龄两岁的时候，她的父亲已同孙中山相识并成为知己。此后，孙中山常来宋家，与宋嘉树一道探索革命问题。那时，宋庆龄虽然不十分清楚孙中山正在进行的革命事业，但她确实对这位颇受尊敬的家庭密友产生了敬慕之心。

宋庆龄在读中学时，勤奋好学，凡事定要寻根究底，渐渐成为一个才思敏捷的学生。此外，她还酷爱文学，喜欢音乐、绘画，并且积极参加校园里的话剧演出，努力使自己成为一个全面发展的人。

宋嘉树是在美国接受教育成长起来的，他认为要让子女学有所成，就应该到国外去接受新式教育，于是在宋庆龄15岁时，便把宋庆龄和比宋庆龄小4岁的妹妹宋美龄一起送到美国读书。人们很快就发现，美丽的宋庆龄深沉敏锐，谈吐不凡，博学好思。

宋庆龄早期旧照

## 跟随孙中山　捍卫共和制

在宋庆龄留学期间，辛亥革命胜利了。当她听到这个消息时，热情欢呼辛亥革命是“二十世纪最伟大的事件”。1913年，宋庆龄大学毕业。归国途中，她到日本拜会了孙中山，并主动要求担任孙中山的秘书，协助孙中山处理日常事务。在共同的革命斗争活动中，两人建立了深厚的友谊和感情，并于1915年10月25日在日本东京结婚。此后，她便以坚定的步伐跟随孙中山踏上了捍卫共和制度的艰苦历程，直到1925年3月12日孙中山在北京病逝。

孙中山逝世后，宋庆龄坚决维护、忠实执行“联俄、联共、扶助农工”的三大政策，同违背孙中山革命原则的势力进行不懈的斗争。

1947年，中国福利基金会曾在上海创办了3个儿童福利站。宋庆龄经常亲自指导福利站里的孩子们识字读书。

## 不懈奋斗　振兴中华

1927年8月，宋庆龄出访苏联，旅居欧洲四年。在此期间，她考察了苏联和几个资本主义大国，研读了马克思的著作，与流亡欧洲的许多中国革命者一起研究中国革命的核心问题——土地和农民问题，思想上有了质的飞跃。“九·一八”事变后，宋庆龄回国，揭露了蒋介石的不抵抗政策。抗战开始后，宋庆龄于1938年在香港创建“保卫中国同盟”，致力于战时的医疗救济和儿童保健工作。抗战胜利后，宋庆龄将“保卫中国同盟”改名为“中国福利基金会”，主要从事妇幼卫生、文化教育和社会福利救济等事业。全面内战爆发后，宋庆龄继续募集大批医药物资，利用各种机会运往解放区，支援共产党领导的解放战争，为建立新中国立下了特殊的功勋。

新中国成立后，宋庆龄把更多精力投入到妇女与儿童的文化、教育、卫生与福利事业中。她长期主持中国救济总会、中国红十字会的工作，致力于少年儿童的文化教育福利事业。在条件极为艰苦的情况下，她倡导和兴办了少年儿童文化教育的场所和保健机构，在儿童教育工作中起到了示范作用。她成为全国少年儿童慈爱的祖母。1950年，她被选为中国人民保卫儿童全国委员会主席，直到逝世。

建国后，宋庆龄在国务活动中又做出了积极贡献，受到国际社会的普遍赞誉。

此外，宋庆龄还组织和参加了许多国际性的反侵略工作、世界和平会议的工作。1951年，她获得“加强国际和平斯大林和平奖”，随后她将所获的10万卢布奖金捐献，用于创建“中国福利会国际和平妇幼保健院”。

1981年5月29日，宋庆龄病逝于北京。宋庆龄一生无私无畏，艰苦奋斗，执著追求。她的高风亮节和坦荡胸怀为中国各族人民所敬仰。她的名字和成就将永远为各族人民包括台湾同胞和海外华侨，以及全世界各国爱好和平正义的人们所追慕。

**图书在版编目（CIP）数据**

影响世界的100位名人成才故事. 中国卷 / 龚勋主编
. —汕头：汕头大学出版社，2012.1（2021.6重印）
ISBN 978-7-5658-0571-4

Ⅰ. ①影… Ⅱ. ①龚… Ⅲ. ①名人-生平事迹-中国
-青年读物②名人-生平事迹-中国-少年读物 Ⅳ.
①K811-49

中国版本图书馆CIP数据核字（2012）第008782号

# 影响世界的100位名人成才故事（中国卷）

YINGXIANG SHIJIE DE 100 WEI MINGREN CHENGCAI GUSHI ZHONGGUO JUAN


总 策 划　邢　涛
主　　编　龚　勋
责任编辑　胡开祥
责任技编　黄东生
出版发行　汕头大学出版社
　　　　　广东省汕头市大学路243号
　　　　　汕头大学校园内
邮政编码　515063
电　　话　0754-82904613

印　　刷　唐山楠萍印务有限公司
开　　本　705mm×960mm　1/16
印　　张　10
字　　数　150千字
版　　次　2012年1月第1版
印　　次　2021年6月第7次印刷
定　　价　34.00元
书　　号　ISBN 978-7-5658-0571-4